ミスを減らす
ゴルフ理論

大田　拓
Taku Ohta

東京図書出版会

まえがき

この本は典型的な初級ゴルファーであった僕が、ミスを減らすことを追求しアベレージゴルファーの域に達するまでの間に考え抜いたことを方法論としてまとめたものである。読者としては、なかなか１００が切れない中高年ゴルファーを対象にしているが、若い人たちに読んでもらっても参考になることは多々あると思う。

一般に射撃やアーチェリーなどの的を狙う競技では、中高年選手がオリンピックで金メダルを獲得することがある。ゴルフのパッティングも同様に的を狙う競技であるから、射撃やアーチェリーのように、中高年になるほどパットが上手くなる、ということがあっても良さそうに思える。しかし残念ながら、一般的には加齢とともにパッティングの成績は悪くなっていく。昔パットの名手と呼ばれた人もシニアになれば1mのパットを時々外す。年齢を重ねるにつれてパッティングの成績が向上したプロゴルファーの話を聞かないのはなぜだろうか。

それは、射撃やアーチェリーとパッティングでは要求される能力の質が違うためである。射撃やアーチェリーでは方向性だけが重要であるのに対して、パッティングの場合は、方向性だけでなく、距離を合わせる感覚や、傾斜の読みなど、同時に多くの事柄に意識を集中しなければならない。

ここが、ゴルフというスポーツの本質に関わる部分であって、ゴルフでは同時に複数の事象に注意を払う分散集中力が特に要求される。そして一つの事象だけに意識を集中する一点集中力は加齢によって衰えないが、この分散集中力は加齢とともに衰えていく。それゆえ、中高年のゴルフではミスがなかなか減らず、中高年になるほどスコアアップは難しくなる。往年のトッププロが時々アマチュアのようなミスを犯すのは、できれば見たくないが、加齢から来ることゆえやむを得ない面もある。

だから、中高年がゴルフでミスを減らすためには、猛練習やいわゆる感覚を研ぐなどの若い人向きのやり方だけでなく、分散集中力の衰えをカバーする視点も必要である。そしてそのためには、スイング動作の中で守らねばならないいくつかの重要動作をきちんと守れるようにするための知識や対策を持つことが肝要になってくる。

この本にはゴルフのミスを減らすための効果的な実践方法を体系的にまとめてある。

なかなかミスが減らずスコアアップを諦めかけているゴルファーの皆さん、諦めるのは早すぎるのではありませんか。「ミスを減らすゴルフ理論」を参考にして、もう一度、スコアアップに挑戦してみませんか。

ミスを減らすゴルフ理論◈目次

- トップ位置での切り返しをゆっくり行う
- 両腕を絞って伸ばす
- 一軸スイングと二軸スイング
- 足元を踏ん張る
- テークバック軌道を一定させる
- ダフリのメカニズム
- スイングのテンポを一定にする
- ショットが安定しない場合の対処法

第1章 ゴルフの上達方法

御岳の残雪遥かショット待つ

ゴルフはミスのゲーム

「ゴルフはミスのゲーム」という言葉がある。これはベン・ホーガンの言葉だが、ごく一部の人を除きアマチュアゴルファーのゴルフは文字どおりミスが多い。ミスショットを連発し、ゴルフコースを走り回って疲れることばかりで終わってしまうのがアマチュアゴルファーのゴルフだと言っても過言ではない。

ミスばかりで散々なスコアで終わるゴルフは本当につまらないものである。ゴルフのスコアと人間の価値とは何の関係も無いけれど、同僚よりもスコアが悪いと自分が人間的に劣っているような気がして気分が滅入ることもある。これはスコア至上主義に毒されているからなのだが、ゴルフが打数の少なさを競うスポーツである以上、ある程度はやむを得ない面もある。悔しかったら上達するしかない。

一説では日本のゴルフ人口1000万人の中で、100を切れる人は10%、100万人とされている。そして残りの900万人、ゴルファーの大多数は100以上のスコアであまり楽しくないゴルフをしているわけである。残りの900万人のスコアを平均すれば、100から120の間、大体110プラスマイナス5程度になるのではないだろうか。

アベレージゴルファーとは、ハンディキャップが20前後のゴルファーのことを指す。ハンディキャップが20といえば、18ホール（パー72）を大体92で回る人のことだから相当上手い人で中級者である。このレベルになるとボールの飛距離や方向をある程度コントロールできるので、周辺の景色や同伴者のプレーにも気を配りながら余裕を持った楽しいゴルフをすることができる。この本は初級ゴルファーがスコアを20縮めてアベレージゴルファーの仲間入りをするお手伝いをすることを目的にしている。そしてスコアを縮める基本は、猛練習による上達ではなく、ミスを減らすことに徹底することである。

ゴルフに上達する最短の道は、若い時からゴルフを始め、猛練習をし、数多くラウンドする、の3点に尽きるだろう。実際、プロゴルファーはその最たるものだし、シングルプレーヤー（ハンディキャップが9以下の人）の話を読むと、ほとんどの人がこの3条件を満たしている。彼らの年間ラウンド数は少ない人で50回（週1回ペース）、多い人は１００回以上（週2回以上のペース）で、１００球のパットの練習を毎日欠かさないなど一般のゴルファーがとても想像できないようなゴルフ漬けの生活を送っている。ゴルフに取り組む姿勢が我々とは桁違いに違うのである。

一方、50歳を過ぎてからゴルフを始め、トッププロのレッスンを受け、年に１００回以上のペースでラウンドし、6年目にシングルプレーヤーになった著名な作家がいる。また定年退職後にアメリカへのゴルフ留学を繰り返し、わずか2年半でシングルプレーヤーになった大学教授もいる。このような例を考えてみると、若い頃からゴルフを始めることは必ずしもゴルフに上達する必要条件ではないことが分かる。ただし、トッププロの指導を受ける、アメリカにゴルフ留学するなど相当特別なことをして開始年齢の遅さを克服しているわけで、こういうことは誰にでもできることではない。特別なことをして達成したサクセスストーリーは話としては面白いが、一般のアマチュアゴルファーにそれほどの経済的余裕のある人は少ないだろう。

それでは猛練習や猛ラウンドができない大多数のアマチュアゴルファーは、どうすれば上達できるのだろうか。世の中には地理的条件、経済的余裕などから猛練習や数多くのラウンドが難しい人も大勢いる。また僕のように中高年になってからゴルフを始めた人も少なくないだろう。中高年でゴルフを始めた場合は、運動能力の衰えや集中力の低下のせいで、練習してもそれがなかなか身に付かない不利な面がある。

僕も含めてそういう人がゴルフを十分楽しめるレベルにまで上達する道は、闇雲にボールを打つのではなく、ミスを減らすことに徹底することである。アマチュアの多くはナイスショットの技術を身に付けることだけに腐心し、ミスショットを減らすことを考えながら練習していない。そこでまず練習の目的を改めて、どのような打ち方をすればミスが起こりやすいか、あるいは起こりにくいかを考えながらボールを打つようにする。次にボールの打ち方だが、レッスン書を参考にするのはいいが鵜呑みにせず、堅実でミスしにくい打ち方を練習で見出していくことである。またラウンドの後では、どのような状況でどのようなミスをしたのかを冷静に分析してスコアカードに記入しておく。そしてその結果を次の練習やラウンドに反映していく。これを愚直に繰り返していけば、スコアは意外と簡単に縮まるものである。

自分は運動能力や体力面で劣るからこれ以上の上達は無理だ、などと諦めずに、読者の皆さんは「ミスを減らすゴルフ理論」を参考にして、自分にあったミスをしないゴルフのやり方を見出してください。そしてまずはアベレージゴルファーを目指し、ゴルフを十分楽しめるレベルに達してからシングルプレーヤーを目標とすればよいと思います。

ミスは面白いもので、多いほど数を減らしやすい。ゴルフコースのパーとは標準打数のことで、パー72とはミスをしなければ72打でホールアウトできるという意味である。だからスコアが１０８の人は、18ホールで36回のミスをしている計算になる。もし2ホールにつき1回の割合でミスを減らせれば１００が切れて、1ホールにつき1回の割合でミスを減らせればスコアは90、堂々たるアベレージゴルファーになれる。一方90のスコアで回る中級者がシングルプレーヤー（スコアが81以下）を目指そうとすればあと

9回以上ミスを減らさなければならないのだが、もともとミスの数が少ないために簡単に減らせる種類のミスはほとんど無い。上手くなるほどミスを減らすことではスコアは縮まらず、ショットの精度を高めるなどの、猛練習による上達しか方法が無い。少し妙な理屈に聞こえるかもしれないが、ミスの多い人ほどミスを減らしやすく、より簡単にスコアを縮められるのである。

ゴルフには、ティーショットでOBを打つ、フェアウェイからのショットをダフる、池越えのショットでチョロして池に入れる、バンカーショットをトップしてグリーンをオーバーするなど実に様々なミスがあるが、これはショットの状況が様々であるというだけのことであって、ミスの根源は実に単純なものである。言うまでもないが、ゴルフはクラブヘッドでボールを打つのだが、このときのスイング軌道は、ボールをクリーンにヒットできる一定の範囲内に収まっていなければならない。目の前の情景は様々であっても、ショットをする空間は両足とボールを頂点とする三角形の範囲だけに限られており、この空間内だけで、ボールを見て、クリーンヒットできるスイング軌道でクラブを振れば、ナイスショットになるかどうかはともかくミスショットはしないのである。

ゴルフのミスは、結局のところ、スイング軌道がクリーンヒットできる範囲を外れてしまうことが原因で、この原因と身体の動作との関係を考えながら効率よくミスを減らしていこうというのがミスを減らすゴルフ理論である。僕の1年半前のスコアは110プラスマイナス5で、典型的な初級ゴルファーだった。現在では大体アベレージゴルファーの仲間入りができるレベルになっているが、スコアを約20縮めることに成功したのは、猛練習ではなく、ミスを減らすことを徹底的に追求したためである。

僕のゴルフ歴（100を切るまで）

僕はゴルフが上手くなりたい一心で多くのレッスン書を読んだ。この打ち方でスコアが10縮まるとか、この練習法でシングルになれる、などのタイトルに惹かれて期待しながら読んだけれど、僕のように中高年でゴルフを始めた人間とは前提が違いすぎるために、参考になっても役に立つことは少なかった。

そこでこの本を読んで下さる方に後で失望感を与えないように、僕が90を切るまでの道筋を簡単に紹介しておく。ミスを減らすことに専念すれば、この程度でもそこまでいけるのか、ということを知ってもらいたいからである。

僕は48歳でゴルフを始めたが、週末に練習場に通うだけで年に数回ラウンドする程度だった。その後54歳の時に愛知県に単身赴任したのだが、会社仲間に上手い人が多すぎて仲間に入れてもらえず、その結果、年間ラウンド数は数回のままで止まっていた。そういうわけでゴルフを始めてから10年間、58歳になるまでは殆ど初級者の域を出ず、スコアは良くて110、調子が悪いと120をオーバーすることもあった。年に数回のラウンドでは学習効果が持続しないので、いつまでたっても初級レベルから抜け出せないのは当然のことであった。

ゴルフに上達したいという気持ちは強くあり、正しいスイングを習得することがスコアアップの道との考えを疑わず、ゴルフスクールに通い、正しい打ち方を身に付ける練習をした。ゴルフスクールに通った結果、我流のスイングが矯正されスイングは随分良くなった。スクールに通い始めてからラウンド回数は月イチ程度に増えたが、しかしミスの多いゴルフは変わらなかった。それゆえスコアはあまり縮まらず、依然として１１０台を低迷していた。

またゴルフを始めた時の年齢で、到達できるスコアの上限は決まるとも言われている。ゴルフを始めて10年たったけれど、当時僕は58歳、年齢から推して自分は永久に１００を切れないのではないかと思い始めていた。ゴルフスクールに通っても１００を切れないことに落胆して、一時はゴルフを止めようかと考えたこともあった。しかし１００も切れずに止めるのは情けない、止めるのは１００を切ってからにしようと思い直し、ミスを減らすことを徹底的に追求してみようと考え始めた。つまり以前の「正しいスイングを身に付ける」姿勢から、「ミスを減らす」方向に大きく方針転換を行ったのである。ミスショットの原因について考え、練習場でミスショットの原因を確認し、コースでミスをしないための対策を工夫し、それをコースで実践し始めた。ミスを減らすゴルフ理論の研究はこうして始まったのである。

最初に手がけたのはアプローチショットでのトップやダフリを根絶することで、これを実践するだけで、徐々にスコアが減り始めた。また足首に緊張感をもたせてスイング軸がぶれないよう注意することで、ショットが安定し始めた。それまでの110台から2カ月ほどで100台に突入し、もう少しで100を切れるところまできた。そういう状態が2カ月ほど続き、100の壁はやはり高いなと感じていた2008年3月末、岐阜県にあるパブリックコースでプレーした。ここは打ち上げ打ち下ろしが多く、アンジュレーション（起伏）のきついグリーンでなかなか手ごわいコースである。

その日はアウトスタートで、淡々とプレーをし続けた。インの16番はパー5の名物ホールで、長方形の三辺を回るようなコース設定で、途中にクリーク（小川）がある。僕はこのホールはダボで上がれれば御の字といつも思ってプレーしているが、この日もここはダボ。残り2ホールも諦めずにプレーし続けた。最終の18番ホールはパー5で、3打目でグリーン近くまで来て、寄せワン（アプローチでピン近くに寄せてワンパットで決めること）に成功し珍しくパーが取れた。ホールアウト後にスコアを計算したところアウト52、イン47のトータル99であった。辛うじて100を切ったレベルだが、僕にとっては初めて100が切れた歴史的な1日であった。「ミスを減らすゴルフ理論」を実践し始めて6カ月後のことであった。

不思議なもので、いったん１００を切ってみるとその後も90台が続くようになった。比較的長いパー3では無理に1オンしようとは考えず、1打目でグリーンの近くに落とせればボギーで上がれる、「悪くてもダボ」と余裕を持って考えることができるようになった。「悪くてもダボ」を続けていくと、たまにはパーが取れ、結果として90台で終わるケースが増えた。そして印象に残った美しい情景を俳句に詠むなど、それまでとは違うゴルフの楽しみ方も覚えた。

僕のゴルフ歴（90を切るまで）

ミスには大きなミスと小さなミスがある。大きなミスとは1打のミスが2打以上のロスになる場合で、ＯＢを打つのはその典型である。小さなミスとは1打のミスが1打のロスだけで終わる場合で、フェアウェイからの第2打をダフる、50㎝のパットを外すなどである。

大きなミスを減らす努力を続けた結果、１００は比較的容易に切れた。しかしそれだけでは90は切れなかった。90を切ることを新たな目標にしてからの課題はパッティングの改善とアイアンのダフリ対策だった。パッティングの改善ではレッスン書を読み、パターを買い替え、いろいろな打ち方やグリップ方法を試してみた。しかし考えれば考えるほどパッティングの成績は悪くなっていき、50㎝のパットが入る気がしない時もあった。「自信を失うとすべてを失う」という言葉を身をもって実感したのはこの時期である。そして悩んだ挙句に、悩まないのがパッティングの秘訣と悟り、打ち方を大きく変えることを止めた。今の打ち方を信じて、ミスパットにつながる細かい要因を研究し、それらを潰すことに専念した。そしてアプローチショットやパッティングの構え方を改めて方向性を高めるなど、乾いた雑巾を絞るように少しずつ小さなミスを減らしていった。またアイアンのダフリ対策は払い打ちを覚え、一定のテンポでスイングする習慣を身に付けることで相当良くなった。

このような小さな改善活動の積み重ねが功を奏して、２００８年秋頃から80台後半のスコアが時々出るようになった。ミスを減らすことを目標に一念発起してから、１年と

３カ月が経過していた。

ミスを減らすゴルフ理論の研究を始めて1年余りでスコアを約20縮めることに成功したわけだが、冷静に考えれば1ホールでたかだか1個程度のミスを減らしたにすぎない。しかしそれでも１１０台を低迷していた頃と比べるとゴルフが随分楽しくなった。

1年前は、朝イチの「いきなり一発」に大きなストレスを感じたものである。グリーンに辿りついてからもゆっくり全体の傾斜を確認する精神的余裕は全くなかった。今では、新しいドラマを楽しむような気持ちでティーショットの順番を待つことができる。緑に囲まれ、季節の移り変わりを感じ、鳥の鳴き声を聴き、汗を流しながらあるいは寒さに震えながらボールを打つ。そして会心のショットを奢らずミスショットにも悠然としてフェアウェイを歩く。こういう心境になれたのは、ある程度のスコアにまとめられる自信がついたからである。

自分で言うのもおこがましいが、これは「ミスを減らすゴルフ理論」の成果であると思う。

世にレッスン書は数多くあるが、その大半はまっすぐ飛ばす、飛距離を伸ばす、などのスイング技術に関するものであり、ミスを減らすことについて正面から向き合って書かれた本は少ない。そこでこの成果を僕一人だけのものとせず、世の悩める多くのゴルファーに成果と喜びを共有してもらうため、僕が実践し効果を証明した「ミスを減らすゴルフ理論」を本にまとめることにした。

僕よりもゴルフが上手い人は日本だけでも100万人はいる。そのような中でたかだか90前後の実力の僕が本を書くのにはそれなりの理由がある。それは、技術というものは、その習得に苦労した者の方が、ものごとの本質を他人に分かりやすく伝えられる面があるからである。

この本は一アマチュアゴルファーの体験をまとめただけのものではない。またゴルフ理論の単なる解説書でもない。僕は力学の専門家であり、ものごとを科学的に捉えることには慣れている。また自動車部品の品質管理の仕事を通じて、ものごとのばらつきを減らす方法を長年勉強してきた。「ミスを減らすゴルフ理論」は、品質管理の考え方をベースに、スイングのばらつきを減らす方法を考えて、それを方法論としてまとめたものである。従来のレッスン書とは発想が違うので戸惑う読者もいるかもしれないが、従来のレッスン書では上達できなかった人や、体力や運動能力に自信の無い中高年ゴルファーにも、スコアアップの手がかりを与えられるものと確信している。

人間の向上心には限りが無い。１００を切れるようになると、次は90を切りたいと思う。90を切れるようになると次はシングルプレーヤーになりたいと思う。石段を上るたびに新しい景色が目の前に広がり、新しい喜びを体験できる。グリーン周りの往復ばかりでゴルフをつまらなくしているのはミスのせいである。ミスを減らす知識を身に付ければもう一段の高みに上ることができる。堂々とフェアウェイを行き、悠々とアプローチショットを放つ楽しいゴルフができるようになって、ゴルフを安く楽しめる良い時代になったことをともに満喫しようではありませんか。

第2章 ゴルフの品質管理

桜道抜けて忘るる大叩き

スイングのばらつき

「ゴルフの品質管理」という言葉を使うのは、おそらく僕が初めてであろう。

ゴルフのスイングと工業製品とは何の関係もなさそうに見えるかもしれないが、ゴルフのミスを減らすプロセスと工業製品の品質管理のプロセスとは相通じる部分が多い。ミスショットは製品の不良品に相当するもので、不良品が減れば利益が上がり、ミスショットが減ればスコアは良くなる。だからゴルフのミスを減らすために、工業製品の品質管理の考え方を応用するのである。

工業製品はすべて同じ形状に製造されているように見えるが、詳しく寸法を測定すればすべてが同じということはありえない。精度の高い測定器で多数個を測定してみれば、程度の差はあれ、寸法はばらついているのである。

具体例として、ゴルフクラブについて考えてみよう。
クラブヘッドのシャフトとの結合部はホーゼルと呼ばれ、丸穴が開いている。ここに少し直径の小さいシャフトを差し込んで、両者を接着して接合する。ホーゼル部の丸穴の直径とシャフトの直径との差は、接着剤の厚みを決める重要な寸法である。そこで設計者はホーゼル部の直径を例えば９・０㎜ぴったりに指定したい。しかし製造上のばらつきは避けられないので、ばらつきをある程度許容することにし、直径を９・０プラスマイナス０・１㎜と指定する。つまり中心値を９・０㎜として、

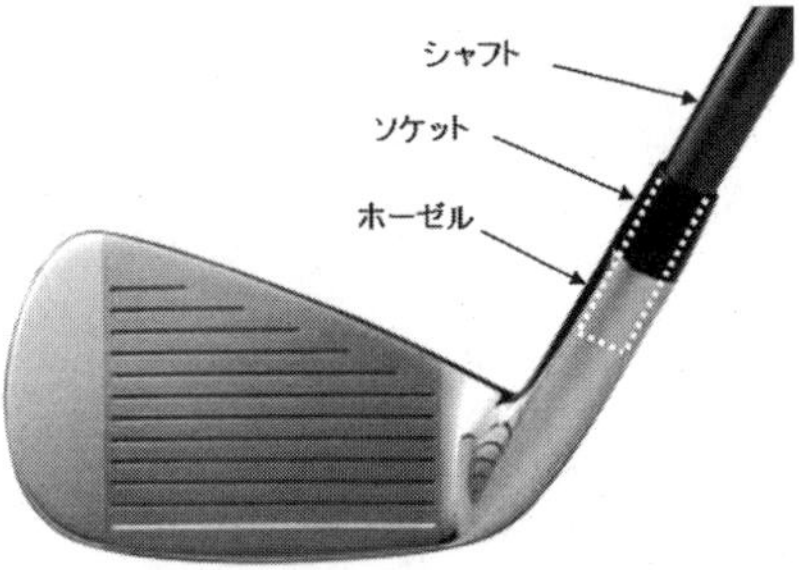

図１　クラブヘッドとシャフトの結合部の構造

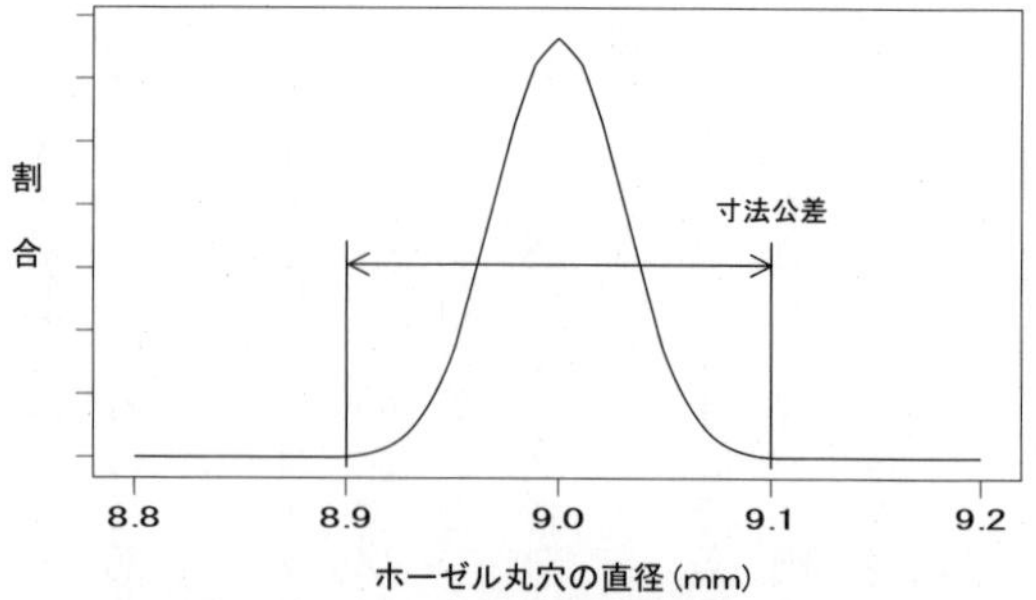

図２　ホーゼル部丸穴直径の分布

プラス０・１㎜（９・１㎜）からマイナス０・１㎜（８・９㎜）までは許容する。このような許容幅を一般に寸法公差と呼ぶ。

次に、加工されたホーゼル部丸穴の直径を、例えば１０００個測定してみると、図２のような分布になる。図の横軸はホーゼル部の丸穴の直径、縦軸はその割合で、寸法公差の中心部分が割合としては多く、中心から離れるにつれて割合は少なくなっていく。一般的な製造工程でのばらつきはこのような釣鐘状になる。これを正規分布、またはガウス分布と呼ぶ。釣鐘の裾野が広いほどばらつきは大きく、裾野が狭いほどばらつきは小さい。寸法公差を外れたものは不良品である。

なお、ホーゼル部の上にある円錐状の樹脂部品はソ

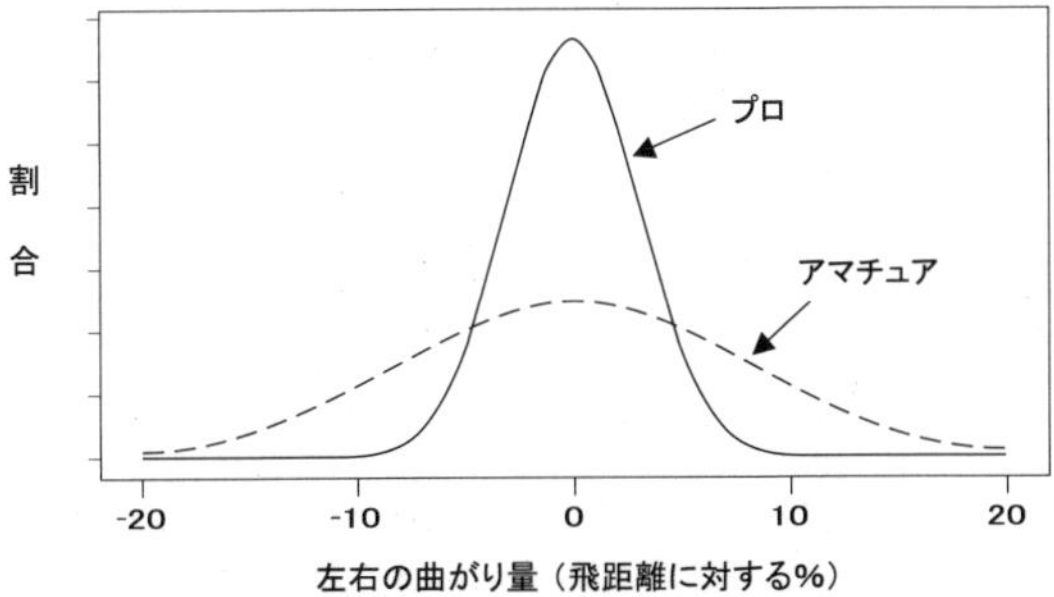

図３　ショットの曲がり量の分布

ケットと呼ばれ、ボールを打つときの衝撃荷重を分散させてシャフトに伝え、シャフトが付け根で折れるのを防ぐ役目を果たしている。

製造者は寸法を定められた一定の範囲に収めるよう、製造条件を管理する。これが品質管理である。品質管理とはばらつきを定められた範囲内、つまり公差内に収めることである。

次にショットの方向性について考えてみよう。

図３はアイアンショットの狙い方向からの左右のずれ量の分布を模式的に描いたもので、横軸は左右のずれ量（飛距離に対するパーセント）、縦軸はその割合である。図の実線はプロならこれくらいは打てるであろうと想像で描いたもの、破線は１年前の僕のように１１０台で低

図4　スイング軌道

迷しているアマチュアの場合のずれ量を模式的に描いたものである。アマチュアの場合はプロの釣鐘カーブを更に押しつぶしてその裾野を左右に長く引き伸ばしたカーブになる。言うまでもなく、プロのずれ量のばらつきは小さく、アマチュアのばらつきは大きい。ばらつきの裾野が広くなればなるほど、OBを打つ危険性が高まる。つまりこのばらつきの幅を狭くすることがミスショットを減らすことにつながる。

図3ではボールの曲がり量のばらつきについて説明したが、これはいわばスイングの結果のばらつきである。結果がばらつくのは原因がばらつくからであって、結果のばらつきを抑えるためには、言うまでもなく原因のばらつきを抑えなければならない。原因のばらつきとは、例えばスイング軌道のばらつきである（図4）。ボールをまっすぐ飛ばすためには、スイング軌道はインサイドに入ってインサイドに抜けていかなければならない。そこで、図3を軌道のばらつきを表すものと解釈するな

らば、その中心値は理想的なインサイドインの軌道に対応し、それよりも右の部分はアウトサイドインの軌道、左側はインサイドアウトの軌道に対応する。そして、正しい軌道からのずれ量が大きい、つまりアウトサイドインまたはインサイドアウトの度合いが大きいほど、グラフ上では中心値から遠ざかるということになる。

正しいスイングはばらつきの中心値

僕は「正しいスイング」という言葉を、強いて言えば、ボールをまっすぐ飛ばす打法のことであると考えている。時には意図的にフェードボールを打ったり、ドローボールを打ったりするのが正しい場合もあろうが、それは上級者のことであり、初級ゴルファーにとってはまっすぐ飛ばすことを第一義に考えてよかろう。

アマチュアの多くは正しいスイングを身に付ける努力だけをしている。しかし正しいスイングを身に付けたとしても、人間の身体は機械のように毎回決めたとおりの動きはできないから、いつしかスイングが乱れ、時には大きなミスをしてしまう。このスイングの乱れ、つまりばらつきの幅を小さくすることに時間を割かないために、いつまでたってもミスが減らないのである。

ばらつきの分布形を釣鐘形で説明したが、その中心値となるのは正しいスイングである。正しいスイングを中心値として、釣鐘の裾野、つまりばらつきの幅を狭めることによって、ミスが減っていく。したがってゴルフスクールに通うなどして正しいスイングを身に付けることは基本である。

ただし練習場でナイスショットできるだけでは正しいスイングを身に付けたとは言えない。なんとなくナイスショットできているだけの状態は、必ずしも正しいスイングを身に付けたことを意味しない。練習場では打ち直しができるために、ナイスショットしていると錯覚しがちである。打ち直しができない、一発勝負の状態でうまく打てるレベルに到達するためには、スイングのばらつきを小さくするための知識を持つ必要がある。なぜ左右に曲がるのか、なぜダフるのかなどミスショットの症状ごとに原因を自覚し、その症状が出た場合の対処の仕方を知らなければならない。だからゴルフスクールで先生からああしろこうしろと言われたら、その理由を訊いて、知識として持っておくことである。

ゴルフの管理ポイント

寸法を公差範囲内に収めるのが品質管理であると言ったが、寸法だけが品質管理の対象ではない。先のホーゼル部の例で言えば、シャフトとの接着強度も品質管理の対象である。接着強度は様々な要因でばらつく。そこで製造者は一定の接着強度を維持できるよう、例えば接着剤の塗布量を増やす、接着力のより高い接着剤を用いる、ホーゼル部の寸法を厳しくするなど複数の要因について検討し、その中で、効果が大きく、かつ管理しやすい要因を集中的に管理する。効果が大きいとは、その要因が性能に及ぼす影響が大きいということである。また管理しにくいものは避け、管理しやすいものを管理することが大事である。

この管理しやすく、かつ影響度の大きい要因を「管理ポイント」と呼ぶ。「管理ポイント」とは、性能に対する影響が大きいため、特に注意して重点管理すべき項目という意味である。

ゴルフにおいてもいくつかの管理ポイントがある。ゴルフでミスショットしないためにはスイングのばらつきを一定の範囲内、つまり公差範囲内に収める必要がある。そこで工業製品と同様、身体の動作の中で、スイングのばらつきに対する影響が大きいものをゴルフの管理ポイントと言う。

ゴルフのレッスン書には実に数多くのチェックポイントが書かれているが、管理ポイントはチェックポイントと同じではない。管理ポイントはスイングのばらつきを抑えるための原因部分に関するもので、かつばらつきに及ぼす影響度が大きいものを言う。ゴルフのスイング動作の重要な部分は大きくは違わないが、運動能力やスイングのレベルが人それぞれ違うのであるから、管理ポイントは自分のレベルに応じたものを自分で見出さなければならない。

そして重要なことは、ミスをしないためにはいくつかの管理ポイントのすべてを公差範囲内に収める必要があるということである。例えば自動車は何万点もの部品を組み立てできあがっている。そして、その部品のすべてが指定されたとおりの公差範囲内で製造されている。もし1点でも公差を外れるものがあれば、設計どおりの機能を果たさず、したがって自動車は完成しない。ゴルフの管理ポイントの数は自動車部品の場合に比べてずっと少ないが、一つでも公差を外れればミスになることは変わらない。仮にテークバックや腰からの始動が完璧で、身体の回転と腕の回転のタイミングがうまくとれたとしても、足元がぐらつけば、それでミスショットしてしまうのである。

ゴルフの寸法公差

製品の品質管理で重要なことは「公差範囲」内で製造するということである。ホーゼル部の丸穴直径が９・０㎜で寸法公差がプラスマイナス０・１㎜なら、８・９㎜から９・１㎜の範囲で製造すればよい。寸法公差の幅をわざわざ狭めて、中央値だけを狙う必要は無い。

ゴルフにおいても同じことが言える。そもそもドライバーショットでフェアウェイの真ん中を狙い、毎回そのとおりに打てる人はプロでもいない。そこでアマチュアの場合は気持ちを大きく持って、大きくフェアウェイを逸脱しなければ良いと考える。フェアウェイの幅は40ヤードくらいはあるから、ドライバーショットの飛距離が200ヤードなら中央を狙ってプラスマイナス20ヤードの範囲に打てればよい。グリーンの横幅は30ヤード以上はあるから、150ヤードのパー3のティーショットならプラスマイナス15ヤードの範囲に打てればよい。グリーンセンターまで100ヤードの位置からなら、プラスマイナス10ヤードの範囲で打てればセンター狙いでグリーンに乗る。

つまり、左右の曲がりの最大許容値は飛距離のプラスマイナス10%を目標にする。これは角度に換算すればプラスマイナス6度である。この幅をもっと狭く考えて練習するのは結構だが、実戦では左右方向のずれ幅を飛距離の10%以内に打てればよいと考える。これはミスショットしないための公差であり、目標値である。

それでは、スイング動作の寸法公差はどれくらいだろうか。振り下ろすクラブヘッドの位置ずれはどの程度許容されるかということだが、ドライバーショットはティーアップしているから前後上下ともプラスマイナス5㎜、アイアンショットの前後方向はプラスマイナス５㎜、上下方向は芝生に置いたボールを打つのでプラスマイナス３㎜程度だろう。これはかなりの高速でクラブを振りながらの話であるから、自由度の高い人間の身体にとって相当の高精度である。練習すればこれだけの精度を維持して打てるようになるのであるから、人間の運動能力は大したものである。

少し余談になるが、世の中には実に様々なスイング理論がある。それはそれで結構なのだが、ときおり粗雑な議論に閉口することがある。例えば右足を先に出して次に左足を出す、なんて人間は歩くときにいちいち考えていない、だからゴルフスイングにおいてもいちいちチェックポイントを意識しないでフィーリングだけで振ればよい、といった類のものである。これは人間の歩行動作とスイング軌道では要求される精度が全く違うことを無視した随分乱暴な議論である。人間の歩行動作ではまっすぐ歩いているようでも幅方向でプラスマイナス５㎝程度のばらつきがある。もしスイング軌道にプラスマイナス５㎝の公差が許されるのならば練習しないでもナイスショットが打てる。精度を無視した理論はあまり参考にならない。

ミスショットの再発防止

生産工程などの異常で不良品を発生させ、顧客に迷惑をかけ会社も損害を被ることがある。こういうものを品質問題というのだが、品質問題が発生してから再発防止の手段を講じるまでのプロセスは大体決まっている。このプロセスはごく当たり前のことの積み重ねなのだが、これを徹底することによって再発を防止できるのである。

工業製品の場合には初めて経験する類のミスもあるが、ゴルフの場合は99％以上が過去に経験したミスの繰り返し、つまりミスの再発である。だからミスの再発防止を徹底できれば自然とミスは減るのであって、ゴルフのミスを減らすために、品質問題を解決し再発防止策を講じるプロセスを踏襲するのが効果的である。

ゴルフのミスを品質問題として捉え、ミスショットを減らすには次のステップを踏む。

①ミスショットの原因を究明する。

②ミスショットしないための対策を立案し、管理ポイントを設定する。

③管理ポイントをショットのルーチン（手順）に組み込んで、ショットの「工程」を

管理する。

練習場でボールを打つのは、汗をかくためではない。練習の目的はミスショットの原因を究明し、対策を立案し、ミスショットを防ぐための管理ポイントを見出すことである。例えばいつものように打ったのに大きく曲がるようになった。今日はおかしいなと思いながら、漫然ともう20球ほど打つ。それでスライスの度合いが小さくなれば満足して終わり、というのではダメである。ミスショットの原因を明確に自覚しないまま済ませておくと、ミスは再発するのである。

ゴルフに限らず一般に、成功事例を研究するよりも失敗事例を研究する方が次の成功に役立つことが多い。その理由は、成功事例はすべての要素がうまくかみ合った場合に起きるので、すべての要素の中から重要な要素を見出すのが難しいのである。これに対して失敗事例は、例えば会社のプロジェクト活動なら、チームワークが欠けていたのでうまく進まなかったなど重要な要因を浮き彫りにしやすい。だから練習場でうまく打てないとき、あるいはミスショットが出るときは、原因を明らかにして管理ポイントを見出す絶好のチャンスである。

ゴルフのレッスン書には、症状ごとに実に多くのチェックポイントが書かれている。スライスの場合のチェックポイントなら、

・左脇は十分締めているかどうか
・スイング中に起き上がる悪い癖は出ていないかどうか
・テークバックでは十分上体を捻っているかどうか

などである。

こういう注意事項を思い起こし、先ほどのスイングのどこがまずかったのかを確認しながら、打ち直す。チェックポイントのそれぞれについて確認しながら打ち直す作業を続ければ、先ほどのスイングでスライスが出た原因を突き止められる。その結果、例えばテークバックでの上体の捻りが不十分だったことが原因らしいと分かる。そうすれば「テークバックで上体を十分捻る」ことが対策になるのである。

管理ポイントの決め方

(1) 明確な言葉で表す

「そうか、上体を十分捻ればナイスショットできるのか！」と開眼したとしても、それを漠然と感じているだけではナイスショットは続かない。ナイスショットできた理由を明確な言葉で表すことによって、効果を持続させることができる。つまり開眼の内容を持続させることが、管理ポイントの役目である。

例として、テークバックでの上体の捻り具合を一定にするための管理ポイントを設定してみよう。この際に重要なことは、何を基準にして、どこまで捻るのかを明確に定義することである。「上体を十分捻る」だけでは曖昧でどこまで捻ればよいのか分からない。ショットの再現性を高めようとするならば、管理ポイントは曖昧な表現ではいけない。

人間の身体の動き量を一定の範囲に管理するには基準が必要になる。空間に対して固定されたものを基準にする場合を「絶対基準」と呼ぶ。これに対して、人間の身体の特定の部位を基準にして、他の部位の動き量を管理するのを「相対基準」と呼ぶ。相対基準の場合は、基準にしている身体の部位が動いてしまえば管理が成立しなくなる。したがって一般論としては相対基準よりも絶対基準の方が優れているが、すべてを絶対基準で管理できるわけではない。一般には相対基準で管理せねばならない場合の方が多いが、その場合でも、より効果的な基準を選ぶべきである。

また実体の無い架空のものを基準にするのも成功しない。例えば、右サイドに壁を意識せよと教える人がいるが、壁は存在しないのだから、管理ポイントとしての効果は持続しない。

「十分捻る」だけでは曖昧すぎるので管理できない。一般には「左肩が顎の下に来るまで捻れ」と教えられることが多い。やってみれば分かるのだが、身体の捻りが不十分なままで、左肩が顎の下に来るように腕だけで捻ることができる。したがって、この表現では「捻っているつもりが捻れていない」状態になりうるので、管理ポイントとして十分機能しない。これは顎を基準にして左肩の動き量を管理する相対基準の失敗例である。

「テークバックを左肩から開始する」とのアドバイスは肩を捻るのには有効だが、どこまで捻るかの管理ができない。「左肩が右膝の上方の位置に来るまで捻転する」は、右膝を基準として左肩の動き量を管理する相対基準だが、右膝位置は大きくは動かないので絶対基準に近く、管理ポイントとしてはより有効と思う。ただし、左肩が右膝の上の位置に来るまで捻ることを意識すると、一瞬ボールから目を離してしまうので、ミスを犯しやすい。

そこで、僕は「左肩が、ボール直下に来るまで捻れ」を管理ポイントにし、ボールを見続けたままで左肩がボール直下に来るまで捻ることにしている。この管理ポイントは、①地面に置かれたボールを基準とする絶対基準になっていること、②ボールと左肩が同一視野内で見られるのでボールから目を離さない

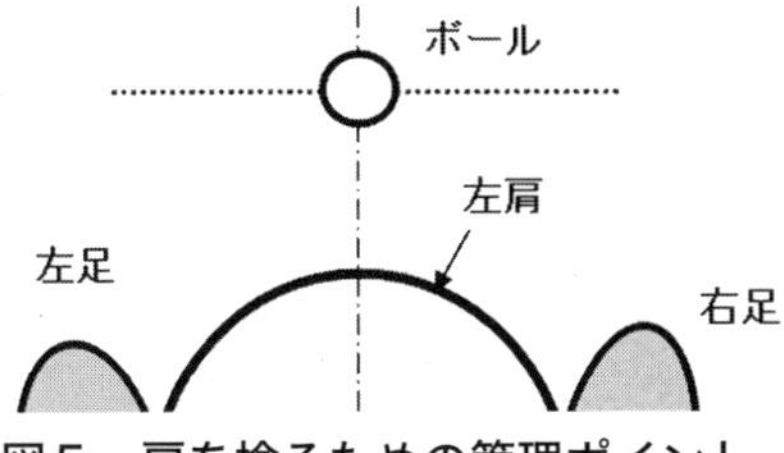

図５　肩を捻るための管理ポイント

で済む、などの利点がある。ただし、ボールを両足の中間点に置く場合はそのままでよいが、長いクラブでボールを両足中間点から左側に置く場合には、この言葉どおりでは捻りが浅くなる。そこで、長いクラブの場合には、ボールを見ながら左肩が足の中央位置まで来るよう捻る。

(2) 症状ごとに管理ポイントを持つ

管理ポイントを守りながらナイスショットを続けていても、午後になるとまた別の要因でスイングが崩れはじめることがある。疲労や精神の弛緩や力みなどで、思わぬ引っ掛けやテンプラを打ったりする。良い状態は長続きせず、スイングは次第に崩れていく。ラウンドしながら自分のスイングを見ることはできないから、おかしいなと感じつつも、どこを直せばよいのか分からない。このような状況を避け、スコアを大きく崩さないためには症状ごとに管理ポイントを用意しておくことが必要である。

次のホールで同じミスを繰り返さないためには、管理ポイントの順位を入れ替えることも必要である。例えば、テンプラを打つのはVの字状のテークバックをすることが最大要因であるから、テンプラを打った次のホールでは、「Uの字状にテークバックする」を管理ポイントのトップに置き、ティーショットの本番ではそれを実行する。

このように、ミスショットの症状ごとに管理ポイントを持っておき、スイングが大きく崩れないように臨機応変に管理ポイントの優先順序を変えていくことが必要である。

⑶ 管理ポイントの順位付け

構えてから振りぬくまでのスイング動作には２秒もかからない。この間のスイング動作の中で重要な身体の動き量を管理ポイントとして決めるのだが、あまりに多くのことは管理できない。

管理ポイントはスイング動作の流れの中で考えなければならない。アドレスでは静止しているから、比較的多くの管理ができる。テークバックを開始してからトップに至るまでは動きが緩やかであるから２個くらいは管理できる。しかし、ダウンスイングを開始すると、クラブを振りぬくまでに０・５秒もかからないのだから、多くのことは管理できない。ボールを見続けながら、インサイドに振り下ろして、両腕の作る三角形を維持して、大きなトップを作り、左足一本で立つ、なんて無理である。

そうは言っても、上達の過程において管理ポイントがいくつも出てくるのは自然なことである。そこで、例えばダフらないアイアンショットの打ち方を課題にしている時期ならば、「右膝固定」を練習用の管理ポイントにする。しかし本番で「右膝固定」に固執するとボールを見続けるのが疎かになるので、本番のショットではより重要度の高い「ボールを見続ける」を最優先管理ポイントにする。このように管理ポイントを本番用と練習用に使い分けるとよい。

一般にゴルフの上手い人ほどスイング動作の重要部分で無意識に行える割合が大きい。スイングに際して管理ポイントを意識するということは、その動作を無意識に行えるレベルに達していないことだが、ある程度上達するまではそれはやむを得ないことである。管理ポイントを意識しながら練習することで、無意識に管理ポイントを守ったスイングができるようになり、管理ポイントの数が減っていく。それが上達のプロセスである。

上達するにつれて管理ポイントの内容も変わっていく。例えば、レッスン書やゴルフスクールでは「ボールを見続けよ」あるいは「ボールから眼を離すな」と教えられることが多い。一方、トッププロの中には「ボールを見ていない」という人も多い。例えば中嶋常幸プロや片山晋呉プロは「ボールをアバウトに見ている」「ボールはボオーと見る程度」と言っているし、アニカ・ソレンスタムは「インパクトでボールを見ていない」と述べている。

このようにレッスン書とプロゴルファーの言い方が違うために、アマチュアはどちらを信じてよいのか分からず混乱することが多いのだが、これは上達の度合いに応じて管理ポイントの内容が変わるためである。トッププロともなれば足元がぐらついてミスショットするようなことは子供の頃に卒業している。また上体軸が不動でスイングすることは身体に染み付いている。だからボールを凝視する必要は無く、スムーズにスイングすることを優先しているのである（それが彼らの管理ポイントになっている）。そのレベルに達していないアマチュアにとっては、インパクトまでボールから目を離さないのは管理ポイントとして間違っていない。

(4) 原因と結果と目標

管理ポイントを設定する上で重要なことは、原因部分をコントロールすることである。一般に結果部分はコントロールできない。

レッスン書の中には「フォロースルーを大きく取れ」、「スイングの後は左足一本で立つ」と教えているものもあるが、これはスイングの結果であるから目標とすべきものである。結果をコントロールできたら誰も苦労しない。

インパクトの後のクラブの軌跡はゴルファーの関心事の一つであるけれども、力学的には直接ボールの飛び方に影響しない。力学的には、静止しているボールに対して、ヘッドがどの位置(前後、上下)で、どれだけの角度で、どれだけの速度で衝突するか、だけがボールの飛び方を決める。インパクトの後の動作は、ボールは既にヘッドを離れているのであるから、ボールの飛び方には無関係である。

しかし経験的にナイスショットした後のフォロースルーは大きく、かつ左足一本で立てることが多い。特にプロのスイングは打った後の姿も美しい。これは彼らのスイングが素晴らしいので、その結果としてフォロースルーが大きくなり、左足一本で立てるのである。ヒットするまでのスイングが「原因」であり、フォロースルーの大きさや左足一本で立つことは「結果」である。

一方、良い結果を目標にすることで、途中経路に好影響を与えることがある。プロゴルファーになるという結果を目標にすることで、一心不乱に練習する途中経路が明確になり、努力が実ってめでたく目標を達成できるなどの例である。

ダウンスイングの開始からクラブを振り終えるまでは一連の流れであるから、ダウンスイングを開始した後は振りぬくしかない。しかし、フォロースルーを大きくとろうと意識することで、身体が十分に回転するし、左足一本で立とうと意識することで体軸が安定することもある。管理ポイントにはならないが、良い結果を目標にして練習することでスイングそのものが良くなる、ということはありうる。「ナイスショットをイメージしてスイングせよ」とのメンタルアドバイスがあるが、これも類似のものである。

(5) 素振りの前に管理ポイントを呼称する

近年、プリショットルーチンの重要さを説く人が多い。プリショットルーチンとはボールを打つ前に、やるべきことをパターン化して習慣化することであり、メンタル面から大きな効果があると言われている。

例えば、まずボールの後ろに回り、落とすべき位置を確認する。次いで、1、2回素振りをしてからアドレスに入り、もう一度ターゲットをちらりと見て、バックスイングを開始するなどの動作のことである。タイガー・ウッズもそうだし、日本のトッププロの多くもそれぞれの流儀でプリショットルーチンを実行している。このようなルーチン化された動作は、多くの観客に囲まれた中でプレーせねばならないプロゴルファーにとっては精神集中に大いに寄与するだろう。

一方アマチュアの場合、精神集中が乱されるとミスショットをする確率が高くなるが、精神集中だけでナイスショットが打てるわけではない。ここがプロとアマチュアの違いで、身体に染み付いたスイングがあっての上での精神集中である。

アマチュアにとって、プリショットルーチンは精神を集中させると同時に、スイングという工程を管理する機会でもある。そのために、プリショットルーチンではスイングの管理ポイントを確認しながら素振りをする。

本番のショットに際していくつの管理ポイントを意識すればよいかは上達のレベルによる。例えばセベ・バレステロスは一つのショットに一つの鍵（管理ポイントのこと）を心に留める、鍵が二つだとあまりうまくいかない、それ以上だと悪くなると述べている。この言葉は管理ポイントの適切な数を考える上で参考になるものだが、プロゴルファーはスイングの大半を無意識に行えるレベルの人たちであるから、一点に集中するだけでナイスショットできるのであろう。あまり多くを意識しすぎると身体が固くなってスムーズなスイングができなくなる面もあるが、アマチュアがミスショットを避けるには複数個の事象に同時に注意を払わなければならないケースが多いので、その時点で重要度の高い管理ポイントを２個確認しながらスイングするのが良いと思う。

確認の仕方だが、プロのように心に留める（意識する）だけではだめで、管理ポイントを呼称して（小声で呟くなど）自分自身に言い聞かせ動作を確実にするのである。特に中高年の場合は肉体疲労が集中力の途切れに直結しやすい。管理ポイントを呼称することによって、集中力が途切れて重要な点を忘れてしまう、といったことのないようにする。

そこでまず、ボールの後ろに立って落とす場所を確認する。次いで、アドレスに入る前に、管理ポイントを小声で呟いてから1、2回素振りをする。素振りを終えたら間をおかず、一番重要なことだけに意識を集中して本番ショットを行う。素振りから本番ショットまでに間が空きすぎると素振りの記憶が消えてしまうので、素振りから本番ショットまでは間をおかず、せいぜい5秒以内に行うことが重要である。そしてこの一連の流れを、自分なりのスタイルとして確立することである。

プリショットルーチンはティーショットだけでなく、第2打、アプローチ、パッティングすべてについて行う。特にアプローチショットでは空を切るだけの素振りではなく、草や芝の抵抗を確認しながら行う。ボールは打たないが、その場に臨んで管理ポイントを復習しながら素振りをすることで、1回余分に打ったのとほとんど同じ効果がある。これを励行すればミスショットの確率が半減する。

第3章 ミスを減らす基本

春雨を切り裂きボール一直線

ミスを減らすための個別の技術論に入る前に、ミスを減らす基本について考えてみよう。それらは、

①ミスのメカニズムを理解する
②身体に余計な動きをさせない
③正しく構える
④努力目標を明確にする
⑤状況別対処法を知る

である。

ミスのメカニズムを理解する

ミスを起こすのにはそれなりのメカニズムがある。

前述したようにアイアンショットの上下方向の公差はプラスマイナス3㎜程度だが、この範囲よりも上にクラブヘッドが下りてくればトップし、この範囲よりも下にヘッドが下りてくればボールを打つ前に地面を打ってしまう。つまりダフるのである。トップやダフリはボールをクリーンにヒットできる公差範囲外の領域にクラブヘッドを振り下ろすことが原因で、それはスイング軌道が上下方向にずれる場合と左右方向にずれる場合に起こりうる。上下方向のずれは身体の上下動が大きい場合に、左右方向のずれは上体の左右方向のスウェー（揺れ動くこと）が大きい場合に生じやすい。またダウンブローに打つアイアンの打ち方そのものにもトップやダフリの要因がある。フェアウェイバンカーからのショットではダフリのミスが圧倒的に多いようだが、これにはフェアウェイバンカー特有のダフリのメカニズムがある。このようにトップやダフリにはいくつかのメカニズムがあるので、ミスのメカニズムを理解することが大事である。それはメカニズムを知らないと合理的な対策がとれないからである。

またミスショットの要因にはばらつき要因とばらつき以前の要因がある。例えば、バンカーから一発で脱出できる場合もあるが一発で脱出できない場合もあるのなら、それはばらつき要因である。一方、何度やっても一発で脱出できないのなら、それはばらつき以前の問題で、そもそもバンカーショットの正しい打ち方を知らないことが原因である。読者の皆さんは自分のミスショットがばらつきに起因するのか（うまく打てたり打てなかったりする）、ばらつき以前の問題（うまく打てたことが無い）なのか、冷静に分析してみることが必要である。もしばらつき以前の問題でミスショットをしているのならば、レッスン書を読むなどして、正しい打ち方に関する知識を持って練習することがミスショットを減らす早道である。

正しい知識を持つことはすべてのものごとの基本である。ミスのメカニズムを理解し、自分のミスが身体のどの部分の動きに由来するかを自覚すること、それがミスを減らす出発点である。

身体に余計な動きをさせない

身体の骨格は、骨と骨を関節で結合して構成されている。

少し煩わしいがおさらいをしてみると、足骨が足関節で下肢につながり、下肢は膝関節で大腿骨につながり、大腿骨は股関節で骨盤につながる。骨盤は背骨で頭とつながっている。手の骨は手関節で腕につながり、腕は肘関節で上腕につながる。上腕は肩関節で肩甲骨および鎖骨につながる。鎖骨は胸骨につながり、胸骨が肋骨を介して背骨につながる、まことに複雑な構成になっている。肩甲骨は筋肉を介して肋骨の後ろに浮いた状態になっており、肩関節の一部を担っている。

関節は2個のパーツを結合し、お互いの回転だけを許す一種の回転ジョイントである。回転ジョイントの種類には、1本の軸の周りにだけ回転できる1軸回転ジョイント、直交する2本の周りに回転できる2軸回転ジョイント、直交する3本の軸の周りに回転できる3軸回転ジョイントがある。膝関節と肘関節は1軸回転ジョイント、股関節と肩関節は3軸回転ジョイント、足首と手首は1軸回転ジョイントを2個組み合わせた2軸回転ジョイントである。

また背骨は24個の椎骨を、椎間板と呼ばれる一種のクッションを介して積み重ねた構成になっている。隣り合った椎骨同士は関節のような自由な回転はできないが、椎間板に多少の変形が可能であるために、背骨全体としてみると曲がったり、捻れたりすることができ、非常に多くの自由度を持っている。

このように人体の骨格構造は多数の骨を関節で結合した複雑な構成のために、動きの自由度が非常に高い。これは日常生活には必要不可欠なものだが、ゴルフにおいては自由度の高さが身体に余計な動きをさせ、様々な面で悪さをするのである。そこでミスを起こしにくくするには、関節の動きのいくつかを利かなくして余計な動きをさせないのが有効である。これを「自由度を殺す」と言う。

伊澤利光プロは、「スイングは無駄な動きをどんどん省いていく消去法のスポーツ」と述べているが、無駄な動きを省くということは関節の自由度を殺すことと同義語である。ミスを避けるには、不必要な自由度を殺して、身体の動きをよりシンプルにすることが大事である。

不必要な自由度を殺すことによってミスの可能性を小さくすることができる。その具体例は以下のようなものである。

・膝の左右方向のスウェーはミスショットの原因と言われるが、これは膝関節のせいではなく、足裏の一部が地面から浮く、足首が曲がるなどして上半身が左右に動くためである。上体の左右のスウェーは膝のせいではないが、「右膝固定」を意識して左右への動きの自由度を殺せば、バンカーショットなどでミスをしにくくなる。

・足裏の一部が地面から浮きあがる（ヒールアップ、トウアップ）と身体に複雑な上下動が生じ、トップやダフリの原因の一つとなる。そこで、足裏が地面から浮き上がるのを一切排除したいわゆる「べた足打法」がスイングを安定させるには有効で、これは足元の不必要な自由度を殺すことに相当する。

・手首の曲がりはミスパットの大きな要因で、手首が曲がらないようグリップ方法や打ち方に様々な工夫がある。腕の筋肉は上腕から手先までつながる一種のシステムになっており、例えば右手を強く握ると自動的に右手首が曲がりにくくなる。これは右手を強く握ることで手首の関節の自由度を殺せるということである。そこで右腕主導でパットを打つ人は、右手を強く握ってパターを振ることで手首の曲がりが抑えられ、ミスパットしにくくなる。手首が曲がらないよう意識するよりも強く握って自由度を殺す方が確実である。

・椅子に背筋をしゃんと伸ばして座る。次に、背中の緊張感を緩めて猫背気味にしてみれば、肩の高さが２㎝ほど下がるのが分かる。これは背骨がまっすぐ伸びた状態から、少し緩めた状態に変化することで肩の位置が下がるからである。肩の位置が２㎝下がれば、手首の位置も２㎝下がり、クラブヘッドの位置も２㎝下がる。スイングにはミリ単位の精度が要求されるのであるから、２㎝の高さ変化は致命的である。そこで、アプローチのようなデリケートなショットの場合には背筋をまっすぐ伸ばして背骨の自由度を殺したスイングをし、トップやダフリのミスを起こしにくくする。

・関節の動きには、可動範囲がある。例えば、肘の屈伸動作は、肘を折り曲げた状態から伸ばした状態まで可能である。肘はこの範囲で動くことができるのだが、肘を少し折り曲げた中間状態を維持するためには、筋肉に緊張感を与えて、じっと動かないように努力するしかない。一般に関節の中間位置は姿勢を維持することが難しい。自由度を殺しやすいのは可動範囲の両端の位置で、その位置が姿勢を最も安定させる。アプローチショットでトップやダフリを無くすためには腕をまっすぐ伸ばしてスイングするのが有効なのだが、それはその状態では余計な伸縮が起こりにくくなるからである。

正しく構える

特にパッティングやアプローチショットでは、構え方の再現性を高めることが重要である。段取り八分という言葉があり、段取り（構えのこと）の善し悪しで成否の８割は決まると言っても過言ではない。

一般にパッティングにおいては、両足の爪先を結んだ線がパターラインと平行になるように立つのが基本である。もちろん、オープン気味に構えて確実にパットを打つ人もいるが、こういう人は相当修練を積んだ人で例外である。

本人はパターラインに平行に立ち、クラブをまっすぐ振っているのだがボールが狙い方向に転がらないことがある。第６章で詳しく説明するが、狙い方向にボールが転がらないいくつかの原因の中で、ゴルファーの上方から見たときに、肩のライン（両肩を結んだ線）がパターラインと平行になっていないことがある。パターは肩を基準にして振るわけであるから、肩のラインがパターラインに平行でないと、クラブをパターラインに平行に振れない。このために狙った方向に転がらないのである。多くのレッスン書では、肩のラインがパターラインに平行になっていることをチェックするようアドバイスしているが、平行に立てていない原因とその対策について触れているものは少ない。

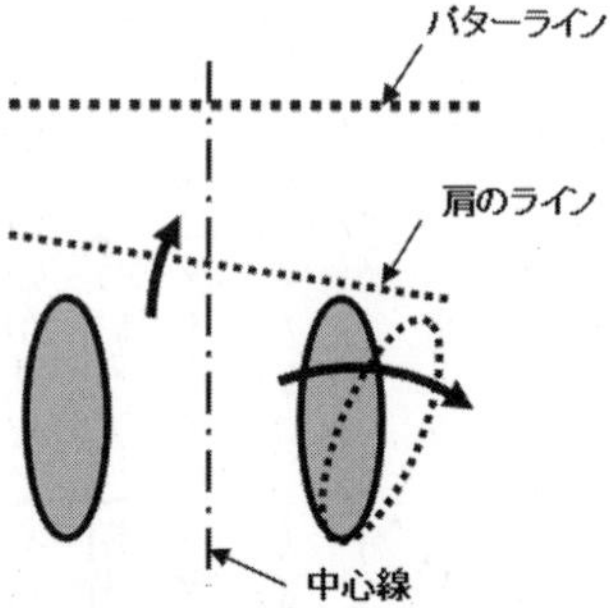

図６　非対称な足の開き方が肩のラインを狂わせる

この理由は実に簡単なことで、パターラインと直角の線（パターのシャフトを想定すればよい）に対して、両足の開き角度が非対称になっていることが主な原因である。図６に示すように、まず両足を平行にして立ってみる。そして、右足だけを逆ハの字状に開いてみれば、右足の回転に連動して、肩のラインが少し回転する。これは容易に確認できるので、是非自分で試してもらいたい。つまり両足を非対称に開いて立つと、肩のラインがパターラインから少し回転した構えになってしまうのである。そこで肩のラインがパターラインに平行になるよう構えるためには、両足の開き具合を対称にする、または両足を平行にして立つことである。

例えば谷口徹プロは両足を閉じたままでパターを打っているが、これは両足を開く際に肩のラインがずれるのを避けるためではないかと僕は推測している。

構え方に起因するミスは、アプローチショットの場合にも起こりうる。アプローチショットでもパッティングと同様、肩のラインがずれていると、うまく打ったつもりでも狙った方向に飛ばない。正しく構える習慣をつけることで、つまらないミスを減らすことができるのである。

努力目標を明確にする

ゴルフはティーグラウンドからボールを打ち始めて、ボールをカップに入れるまでの打数の少なさを競うゲームである。ボールを打って飛ばすときに許容される前後左右の公差はグリーンに近づくほど小さくなる。グリーンに近づくほど、クラブは短くなり打ちやすくなるが、その分高精度が要求される。クラブごとに要求される精度が異なるため、クラブごとの難しさ、面白さが出てくる。以下、クラブとの関係を考えながらミスを整理し100を切るための努力目標を挙げてみるので、これを参考にして、クラブ別に、自分はどのミスを減らしたいのか努力目標を明確にするのがよい。

プロのようにまっすぐ遠くまで飛ばしたい、あるいはスコアをあと10減らしたい、など漠然とした気持ちで取り組んでいると焦点が定まらない。欲張らないで、減らせるミスから減らしていくと成果が目に見えるようになるので、努力を継続することができる。

(1) ドライバーショットのミス

ドライバーは平坦な足場でティーアップして打てるなど、他のクラブに比べてボールを打つ条件は最も良い。練習場とほぼ同じ条件で打てるのはドライバーだけである。飛距離は最も大きいが、その分左右の曲がりも大きくなりやすい。前後のずれ（飛距離のばらつき）はトップやダフリなどの場合を除けば大きな影響は無い。

典型的なミスショットは、

・引っかけ、大きく曲げるなどでOBを打つ

・引っかけ、テンプラ、曲げるなどでフェアウェイを大きく外し、次打を不利にする
・ダフる、トップするなどで、飛距離を大幅にロスする

などである。

またドライバーは他人に見られた状態で打つために、余計に緊張しミスしやすい。朝イチのティーショットでは誰でも緊張するし、練習場の無いゴルフコースでの「いきなり一発」はつらいものである。しかし、あの岡本綾子プロですら大きな試合では足が震えたことがあったそうだから、我々が朝イチのショットで足が震えたり、心臓がドキドキしたりするのは仕方ない。ある程度ラウンドをこなして、慣れることが必要である。

努力目標は、ＯＢを打たないこと、左右の曲がりを飛距離のプラスマイナス10％内に抑えることである。

(2) フェアウェイウッドのミス

フェアウェイウッドはライ（ボールの置かれた状態）が良い条件で使うが、足場は平坦ではないことが多い。クラブがドライバーに次いで長く、上下方向の許容値が小さい

ため（地面に置かれたボールを打つ）トップやダフリのミスをしやすい。

典型的なミスショットは、
・ひっかけ、大きく曲げるなどでOBを打つ
・ひっかけや曲げるなどでフェアウェイを大きく外し、次打を不利にする
・トップする、ダフるなどで飛距離を大幅にロスする
などである。

フェアウェイウッドはロングホールの2打目で使うことが多い。第1打でナイスショットを打った後のここ一番、あるいは挽回を狙ってのここ一番でミスショットした経験は誰にでもあるだろう。それは力むからだと説明されることが多いが、力むとなぜミスしやすいのかを後半で考えてみたい。

努力目標は、左右の曲がりを飛距離のプラスマイナス10％内に抑えること、トップやダフリをしないことである。

(3) アイアンショットのミス

アイアンショットは足場やボールのライが悪い条件で打つ機会が多く、かつそれなりの飛距離を出さねばならないためミスを起こしやすい。

典型的なミスショットは、

・トップ、ダフリで飛距離をロスする

・大きく曲げてＯＢを打つ

・方向違いで狙った方向から大きくずれ、次打を不利にする

などだが、上り傾斜面で飛距離が大幅に不足するミスもしばしば経験する。またラフからのアイアンショットでは、草にフェースが取られて距離が全く出ない、あるいは方向が大きく狂うことも多い。

ショットの左右の曲がりはロフト角が大きくなるほど小さくなる傾向がある。図７はゴルフボールにクラブヘッドが接触した状態を描いたものだが、ボールを地球に見立てると、ドライバーはロフト角が小さいため、赤道の少し下で接触する。ボールとの接触点（打点）は、ロングアイアン、ミドルアイアンの順に南極側に下がっていき、ロフト

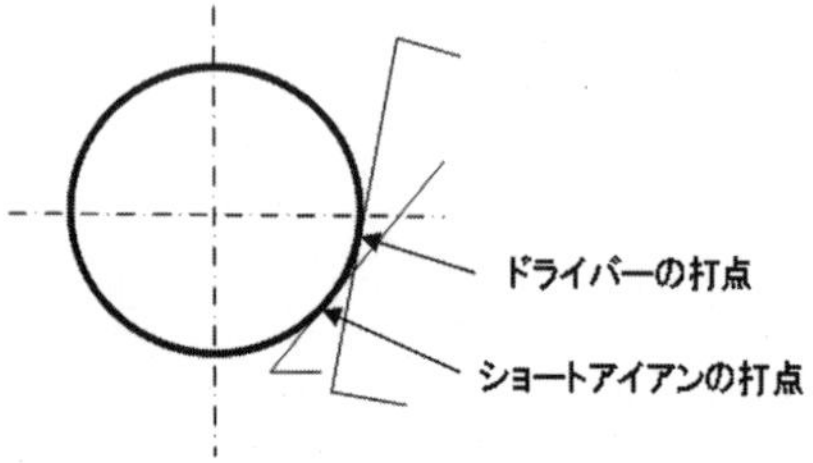

図7　ロフト角と打点の関係

角の大きなショートアイアンでは赤道からずっと下で接触する。

スライスやフックなどの左右の曲がりはボールにサイドスピン（横方向の回転）がかかることによって引き起こされるのだが、サイドスピン量は、打点が赤道から離れるほど小さくなる。したがって赤道の少し下でボールを打つドライバーショットが最も曲がりやすく、ロフト角が大きいＰＷや９番アイアンなどのショットでは左右の曲がりは起こりにくい。初心者でもＰＷなら大きくスライスせずに打てるのはこのためである。したがって残り１００ヤードくらいの位置で使うＰＷや９番アイアンでは左右の曲がりの目標をやや高めに、飛距離のプラスマイナス７％以内にする。

努力目標は、左右の曲がりをミドルアイアン以上では飛距離のプラスマイナス10％以内、ショートアイアンではプラスマイナス７％以内に収める、である。またトップやダフリをしない、傾斜面でのクラブ選択を間違えないなどである。

⑷ アプローチショットのミス

フルショットしないでグリーンを狙うのがアプローチショットである。グリーンまで80ヤード以下、というのが一般ゴルファーのアプローチショットであろう。

ボールのライ条件はフェアウェイ、ラフなどで、様々な状況に対応できなければならないのだが、芝や草の上では練習マットのようにクラブが滑らないのでミスをしやすい。

またグリーン近くではピンまでの距離を間違えるミスも多い。これにはグリーン周りの景色に惑わされて距離を読み間違える判断ミス、傾斜の影響などがある。飛距離が小さい分だけ打ちやすいように見えるが、その分前後左右ともに高精度が要求される。ドライバーショットで10ヤード過不足しても影響は無視できるが、残り50ヤードのアプローチショットで10ヤード過不足すると影響が大きい。さらにフルショットしないが故の難しさがある。プロが時々見せる華麗なコントロールショットはもともとばらつきが大きく、練習量が十分でないアマチュアが真似ようとしても成功率は低い。
典型的なミスショットは、
・トップやダフリで池やバンカーに入れる
・トップしてグリーンオーバーする
・ダフリで飛距離をロスする
・距離の読み間違いでグリーンに全く届かない、グリーンをオーバーする
などである。アプローチショットでのミスは大叩きになりやすいのだが、その反面、アプローチショットに上達すればスコアは大幅に改善される。そのためには練習量を増やすことが大事だが、傾斜の影響でどの程度飛距離が低下するか、クラブによってトップやダフリの起こしやすさが異なるなどの細かい知識を持つことも必要である。

努力目標は、アプローチではトップとダフリだけは絶対しない、40ヤード以内のアプローチではピンまで3m以内に寄せる、方向性はできるだけ狙い方向からずれない、である。

(5) パッティングのミス

典型的なミスパットは、
・ショートパットを外す
・ロングパットの大幅なショートやオーバー
・グリーンの傾斜の読み間違い
などである。

上りだと思って強く打ったが途中から下りになっていたため大きくオーバーしてしまった、などの傾斜の読み間違いに起因するミスはしばしば経験することだが、その理由の大半は冷静さを欠いていることである。ゴルフは冷静さを失ったら負けと肝に銘じて、ボールの反対側からも冷静に全体の傾斜を確認する習慣をつけることである。

ショートパットのミスは方向性に自信が無いことが原因で、第６章でパットの方向性を悪くする原因と対策について考える。

ロングパットの距離感については、グリーンが比較的平坦ならラウンド回数が少ない人でもそれなりに対処する方法がある。しかし傾斜やアンジュレーションがきつい場合は、毎日ラウンドしているプロのようにはいかない。ロングパットの第1打はアプローチショットと意味合いは同じだからピンまで1、2mに寄ればそれでよく、3パットでも良いとおおらかに考えることである。むしろ練習場でアプローチショットの腕を磨いてロングパットを残さないようにするのが戦略的なやり方である。

100を切ることが目標ならあまり欲張らず、ショートパットを確実に入れられるよう基礎を固めるのがスコアアップの早道である。

努力目標は、平坦な1m以内のパットは確実に入れる、である。

状況別対処法を知る

ラウンド経験が浅いと、状況別の対処法が分からず思わぬミスをすることが多い。この種のミスの中には、少しの努力で回避できるものもある。それらは次のようなものである。

⑴　情報不足に起因するミス

向こうの状況が十分に分からないまま打ち、池に入れる、林に打ち込むなど情報不足に起因する初歩的なミスである。キャディー付きの場合には向こうに何があるかキャディーに訊く、セルフプレーの場合はコースに詳しい同伴プレーヤーに状況を訊く、あるいは坂を上って自分の目で確認するなど、冷静に状況判断すればミスは避けられる。

⑵　知識不足に起因するミス

上り斜面からのショットに関しては、斜面の勾配やクラブのロフト角の関係で飛距離が相当落ちる場合がある。どのような状況でどの程度飛距離が落ちるのか、その知識を持っていれば避けられるミスであり、これに関しては第5章で詳しく解説する。

⑶　目測の誤りに起因するミス

身近にヤーデージ杭が無い場合は目測で距離を判断しがちだが、コースでは周辺の景色の影響で距離を間違えやすい。目測はまったく当てにならないことを肝に銘じて、デジタル的に残り距離を計算してクラブ選択をしなければならない。

第1打は上手く打てたのだが、その先がブラインドのため適当に打ったらフェアウェイを突き抜けてしまった、などのミスを避けるには、コースマネジメントを行うことである。コースマネジメントと難しそうな言い方をしたが、初級者の場合は簡単なものでよい。ティーグラウンドに立った時点で、第1打がうまく打てるものと仮定して、残り距離を計算して、第2打はどのクラブで打つかを決めておく。それだけのことで大きな判断ミスは避けられる。

(4) 同伴プレーヤーの外乱

ゴルファーの中には「こんなに切れるのか！」とか「なんでこんなに速いのだ」など、パットを外した理由をいちいち述べ立てる人がいる。こういうものは一種の外乱であって、これに惑わされてはいけない。グリーンが速いかどうか、切れ方が大きいかどうかなどは本人の予想と結果の差の主観的な問題にすぎない。こういう声を真に受けて自分の振り幅を修正していくと次第に自分自身の目盛りが狂ってくる。そしてやがてはスコアを大きく崩す。他人のプレーで参考にしてよいのは、振り幅と転がり距離の関係などの画像情報だけであって、「速い、遅い」「切れる、切れない」などの音声情報は無視し、あくまでも自分の振り幅の目盛りを崩さないことである。

また同伴プレーヤーからの影響でスイングのリズムを崩すことのないよう注意する必要もある。ときどき自分はさっさと打って仲間にもプレーを急かす人がいるが、こういう外乱に惑わされて打ち急ぐと、結局はスイングのリズムを崩して自滅することになる。ゴルフはゆっくりした気持ちでスイングすることが大事で、坂道を駆け上がってハアハア息を切らせた状態のまま打てば碌なことは無い。程度にもよるが、自分の流儀、リズムを貫くこともスコアアップには不可欠である。杉本英世プロや福嶋晃子プロは「ゆっくり歩け、自分のペースを崩すな」と言っている。またピア・ニールソンはゆったりしたリズムで打つことが大事で、そのためにはすべての動作をゆっくりしなければならないと言っている。

第4章　ミスショットの原因と対策

炎天にフェアウェイを行くど真ん中

さていよいよ本題のミスショットを減らす方法について検討を始めよう。

ミスショットの原因は数多くあるが、身体の動きを大きく捉えればその対策は比較的単純なものである。まず、重心の上下動や前後の動きはスイング軌道のばらつきを増やす要因であるから、これは極力抑える。そして、スイングの根幹である、上体の回転、腕の回転、横方向の体重移動の三つの運動の相互のタイミングをうまくとりながらスイングすることである。これを実現するための管理ポイントを適切に設定できれば、スイングのばらつきは小さくなるし、スイングを自己修正しやすくなるので、ショットが大きく崩れることは無くなる。

僕がミスショットを避けるために設定した管理ポイントを重要度の高い順に列記すると、

・体軸がぶれないよう意識して振りぬく
・足元を踏ん張り、ボールと眼の距離を変えない
・テークバックからダウンスイングまで常に一定のテンポで行う
・テークバックでは一定の場所を通って腕を振り上げる
・両腕を絞るように伸ばしてスイングする

である。

なお、以下ではスイングのメカニズムを考えながら、腰からの始動や体重移動の重要性を説明するが、それらは練習して無意識にできるよう目指すべきものであって、本番ショットではそういうことはあまり考えない方が良い。本番ショットでは体軸がぶれないよう意識して振りぬくだけである。

上体と腕の回転比率はクラブによって変わる

スイングプレーンとはクラブを振り回すときに形成される平面のことである。構えた位置を中心にして、腕の回転角度でプラスマイナス90度くらいの範囲では大体平面になっているのでプレーン（平面）と言う。スイングプレーンは、クラブを構えた姿勢とトップの位置で決まる。理想のスイングプレーンは、ボールと肩を結んだ平面と言われているが、すべての人が理想のスイングプレーン上でスイングしているわけではない。

スイングプレーンは自分では見えないので、構えた姿勢とトップの姿勢を横からデジカメで撮影してもらって、自分のスイングプレーンがどれくらい理想からずれているかを知っておくと、ミスショットを避けるためのヒントが見えてくる。

図8の2枚の写真は、僕がドライバー（左）とPW（右）を構えた姿勢を撮影したものである。黒の点線はボールと肩を結ぶ理想のスイングプレーン、白の点線は上体の回転軸である。数学では一つの平面を定義するのに、その平面に垂直な軸（法線ベクトルと言う）を使う。矢印Aはスイングプレーンに垂直な軸で、これはスイング軸である。

この軸の周りに上体、腕、クラブ全体が回転する。スイングは上体軸周りの回転とこれと垂直な方向の「腕＋クラブ」の回転で成り立っている。「腕は上げて下ろすだけ」と言う人もいるが、これは極論で、腕は回転しているのである。

なお腕の回転は、腕全体を身体の正面を軸にして行う円運動と両腕を捻るロール回転とから成り立っているのだが、以下では両者を区別せずに腕の回転と呼ぶ。

さて、矢印Ｂは矢印Ａを上体軸方向にベクトル的に分解したもので、上体の回転成分である。矢印Ｃは矢印Ａを上体軸と直角方向に分解したもので、腕の回転成分である。

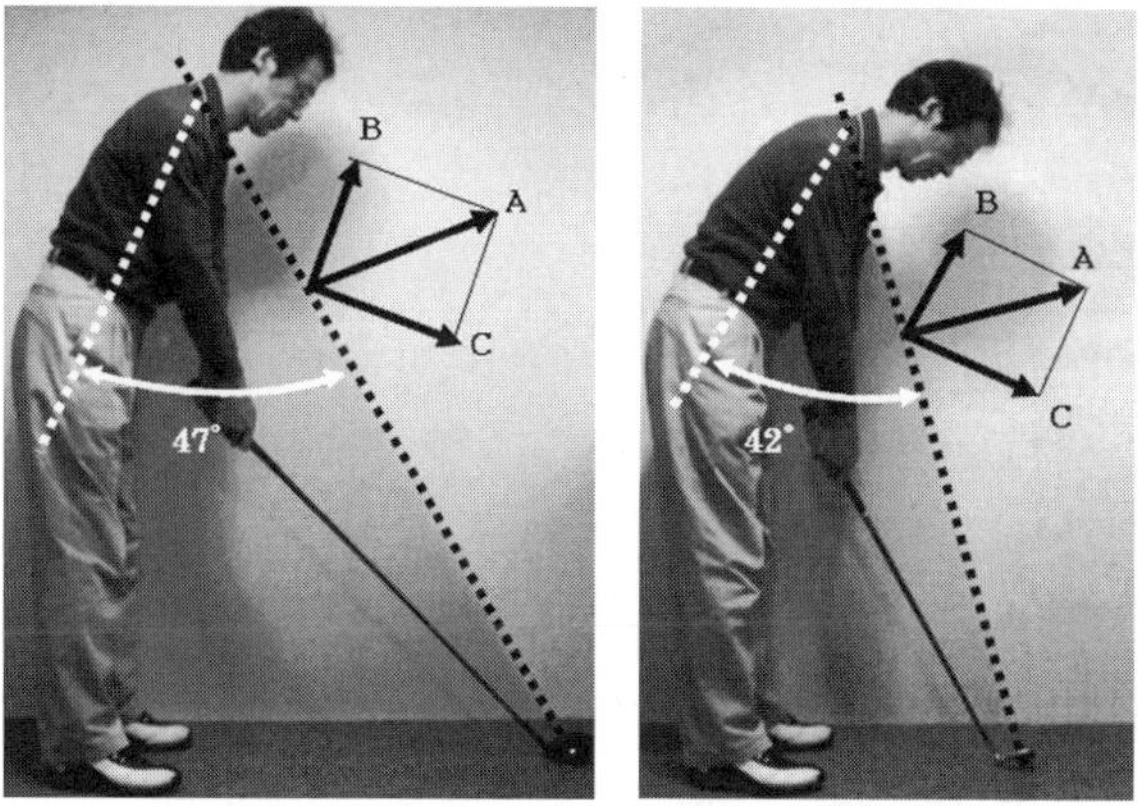

図８　クラブで回転比率が変わる

矢印Bと矢印Cの長さの比は上体の回転と腕の回転の比率に等しく、スイングプレーン（黒の点線）と上体軸（白の点線）の成す角度の正接（tangent）で計算でき、

上体軸と腕の回転比率＝tan（スイングプレーンと上体軸の成す角度）　……(1)

となる。この上体軸と腕の回転比率を以下では単に「回転比率」と呼ぶ。

スイングプレーン（黒の点線）と上体軸（白の点線）の成す角度は、ドライバーの場合で約47度、ＰＷの場合で約42度であるから、回転比率はドライバーで１・０７、ＰＷでは０・９０となる。

この数値はインパクトの瞬間における、上体の回転速度と腕の回転速度の比率を表しているが、上体の回転と腕の回転の比率を定量的にコントロールして打てるほど器用な人はいないから、数値そのものよりもクラブの長さや構える姿勢が変わった場合の回転比率の変化の度合いの方がより重要である。

図８の写真の例ならば、ＰＷの場合は上体の回転はさほど強くなくてよい（腕の回転より10％少ない）が、ドライバーの場合は上体を十分に回転する（腕の回転よりも７％大きい）必要がある。ＰＷよりもドライバーの方がヘッドスピードは大きいのでスイング全体の回転速度が上がるのだが、それと同時にドライバーの場合には腕よりも上体の回転を強く行わなければならない。それはこの数値の差（１・０７と０・９０）からきている。

スイングプレーンを理想的なものと仮定すると以上のような数値になるが、僕のトップの位置は理想よりも少し低い。このために、実際には上体軸とスイングプレーンの成す角度は２～３度ほど大きくなり、その分、回転比率が上述の数値よりも10％ほど大きくなる。その分上体の回転を大きくしなければならない。

人それぞれクラブごとにボールの前後左右方向の最適位置は決まっている。ボールの左右の位置には誰でも気を使うが、コースでは足場の影響などでボールの前後位置のずれに気づかないことが往々にしてある。ボールの前後位置が変わると前傾姿勢が変わり、回転比率も変わるので要注意である。例えば通常の位置よりもボール１個分外側に置く場合と内側に置く場合とでは上体軸とスイングプレーンの成す角度は2、3度違ってくる。2、3度の違いで回転比率が10％も違う場合があるので、いつもどおりのスイングをしたのに上手く打てないということが起こりうる。だからボールの前後方向の位置をクラブごとに常に一定にするよう習慣づけることが大事である。

ダウンスイングを腰から始動する

さて、ゴルフのスイング軌道は2種類の回転運動（上体が回転しながら腕も回転する）と横方向の運動（体重移動）の合成されたもので決まる。ゴルファーを上方から眺めてスイング軌道を円弧とみなして説明すると、スイングが正しく行われるときは、クラブヘッドはインサイドから下りて、円弧の接線方向にボールを打ち、その後インサイドに抜けていく。この軌道に大きく影響するのは2種類の回転のタイミングと回転比率である。

スイング軌道は、上体の回転と腕の回転が、スイングプレーンと上体軸の関係で決まる一定の回転比率を維持して行われる時は（同期させるとも言う）インサイドインになる。両者の回転のタイミングや回転速度がずれるとスイング軌道がインサイドインからずれ、構えた位置に、構えた角度のとおりにクラブヘッドが下りてこない。その結果、スライス、フック、トップ、ダフリなどのミスショットをするのである。

一般に2種類の運動をコントロールしながら同時に実行するのは動作が遅い場合にのみ可能であって、ゴルフスイングのように動作が速い場合は難しくなる。そこでダウンスイングを腰から始動し、腕の回転を上体の回転に追随させることによって両者のタイミングを取りやすくする。スイングとは腰の回転である、とも言える。

短いクラブの場合は、回転比率が1に近くなるので、両者を同速度で回転するのは比較的容易で、初心者が腰からの始動を意識せずともショートアイアンを無理なく打てるのはこのためである。一方、長いクラブの場合は回転比率が1・0以上になるので、上体の回転速度を大きくする必要がある。

体重移動が正しくできると大きく曲がらない

体重移動は上体の回転や腕の回転に劣らず重要である。

まず体重移動の方向は、飛球線の方向に平行でなければならない。これが飛球線方向に平行でないとスイング軌道が影響を受ける。例えば、体重移動の方向が左前方に斜めに向かうようだと、インサイドイン軌道がインサイドアウト軌道になってしまう。フォロースルーの後で身体がふらつくような場合は、斜め方向に体重移動している可能性があるので要チェックである。

次に、体重移動のタイミングだが、ボールを打つ瞬間に重心位置がボールの位置にきているくらいがよい。例えば、ボールを両足の真ん中に置いている場合は、重心位置が両足中心にきた時点でボールを打つくらいのタイミングを意識してスイングすることである。体重移動のタイミングが合わないとうまく打てない。右から左への体重移動が早すぎると（ボールが通常よりも右側に置かれたように）フェースが戻りきらないうちにボールを打ち、体重移動が遅すぎると（ボールが通常よりも左側に置かれたように）

フェースが戻った後でボールを打ってしまう。

　体重移動のタイミングをうまくとるよう心がけてスイングすれば大きく曲がらない。体重移動のタイミングを心がけることはミスショットを減らす上で効果が大きい。スイングの調子が良い場合は、飛球線に平行にタイミングよく体重移動ができているものだが、調子が悪い場合はこのタイミングがずれていたり、飛球線に斜めになっていたりすることがあるので、素振りの段階でチェックすること。

トップ位置での切り返しをゆっくり行う

　上体と腕の回転のタイミングはトップ位置での切り返し時点で決まる。トップ位置での切り返しの重要性は、多くのトッププロが指摘している。例えば、
・すべてはバックスイングの捻りと切り返しで決まる（丸山茂樹プロ）
・トップでスイングを止めるつもりで完全なトップを作る（伊澤利光プロ）
・トップで一瞬止める（倉本昌弘プロ：BS『90を切るゴルフ』）

・切り返しを急がない（アニカ・ソレンスタム）

などである。プロによって多少表現が異なるが、トップでの切り返しをゆっくり行う、またはトップで一瞬止めるような動きが特に重要である。また藤田寛之プロのスイングを見ると、実際にトップで一瞬止めているのが分かる。

切り返しをゆっくり行う、またはトップで一瞬止めるのにはそれなりの理由がある。まず、これによって腰からのスイング始動が行いやすくなることである。この切り返しが中途半端になると、腕の方が先に下りるスイングになり、左に引っ掛ける球が出やすい。

また100m競走のスタートがばらつけばタイムもばらつくように、トップ位置がばらつくとスイングがばらつく。そこで、トップ位置を安定させるために切り返しをゆっくり行うか、一瞬止めるのである。

切り返しが速いと、トップの手の位置や手首の曲がりが安定しない。バックスイングからダウンスイングにかけて腕の速度がプラスからマイナスに変化するのだが、この時、手首にかかる加速度（速度の変化）は最大になり、加速度が大きいと手首（いわゆるコック）が右手側に曲がりオーバースイングになりやすい。その後のダウンスイング過程で手首の狂いが修正できないと、クラブのフェースが開いたままボールを打ち、スライスを打ったりする。そこでトップでの位置や手首の曲がりを安定させるために、切り返しをゆっくり行う、または一瞬止める動きが効果的になるのである。トップ位置が安定するとスイング全体が安定し、ショットも安定する。

トップの位置で一瞬止めることについては少し抵抗を感じる人もいるかもしれない。しかし、ショットのばらつきが大きく安定しないときには、トップで一瞬止めて手の位置を確認してからダウンスイングを始める素振りをすると良くなる場合が多い。

両腕を絞って伸ばす

ゆったり構えてゆったり振るのが理想のスイングという人もいるが、ゆったり構えてナイスショットできるのは上級者の場合である。アマチュアの場合はゆったり構えると脇や肘が緩む。脇と肘が緩いと、上体に対する腕の回転の自由度が増えて余計な動きを誘発し、ミスショットの大きな要因になる。

例えばスライスの原因の一つとして、左脇が甘い、左肘が引けるなどでスイング軌道がアウトサイドインになりフェースがオープンのまま打ってしまうことがある。この対策としては、左脇を締めてスイングせよと教えられることが多いのだが、左脇だけ締めるような器用なことはできない。

一番確実な方法は、始めから終わりまで両脇をビシッと締めてスイングすることである。プロがドライバーショットを打つ時の構えを見ると、胸の筋肉が盛り上がるほど両腕をビシッと締めて構えている、あの腕の締め方をするのである。つまり両腕を内側に絞るようにして脇を締め、両腕を絞ったままでスイングする。この握り方は脇と肘の自由度を殺すので、ミスショットの要因の多くを同時に封じることができる。

まず、左脇が甘くならないのでスライス球が減る。トップの位置でも両腕を絞り続けると、オーバースイングにならずトップ位置が安定する。両腕が上体に密着しているから腕が勝手に下りにくく腰からのスイング始動をスムーズに行いやすい。両腕を絞ると肘が容易に曲がらないため肩からクラブヘッドまでの距離がばらつきにくいのでヘッドの芯を外す度合いが小さくなる、などである。また両腕が締まっているので意識せずともインサイドにクラブが下り、両腕の三角形を維持したままスイングすることができる。

一軸スイングと二軸スイング

スイングの軸の重要さは改めて言うまでもないが、どこを回転の軸にするかによって一軸スイング打法と二軸スイング打法がある。それぞれに長所があり難しさもある。

一軸スイング打法とは、背骨を通る一本の軸を中心に身体を回転する意識でスイングをするもので、アマチュアの多くはこのスイングをしている。この打法の長所は、重心移動のタイミングを強く意識しないですむことである。実際にはダウンスイングの開始からフィニッシュまでの間に右から左に重心は移動しているのだが、重心移動をあまり意識しないですむので、その他の点に注意を向けられる。

二軸スイング打法については田原紘プロの本に詳しく説明されているし、トッププロの多くは二軸スイングらしい。人により表現は少し異なるが、二軸スイングとはテークバックは右足を軸として捻り、ダウンスイングは左足を軸として回転するスイングである。二軸スイング打法の長所は、テークバックからダウンスイングまでの一連の動作中、常に右か左かに軸が定まっているので上下動が起こりにくいことである。右足を軸として身体を捻るので、右膝の上下左右の動きは小さくなる。左足を軸としてダウンスイングするので、左膝の動きは小さくなる。つまり実在しない「右サイドの壁」や「左サイドの壁」を意識せずとも、上体の左右へのスウェーに起因するミスは起こりにくい。

アマチュアにとって、一軸、二軸どちらが良いかは一概に言えない。僕は一軸スイングと二軸スイングを練習場やコースで試して比較してみたが、最終的には重心移動を強く意識しないで済む一軸スイングで、ダウンスイングでは体軸がぶれないよう意識しながら振りぬくだけにしている。

足元を踏ん張る

スイング全般に共通して重要なことは、テークバックからインパクトまでの一連の動作中の足元の踏ん張りである。構えてからインパクトまでの間、ボールを見ている目の位置が変わらないように足元を踏ん張ることが特に重要である。中嶋常幸プロは、ＮＨＫの『鶴瓶の家族に乾杯』にゲスト出演して「足元の踏ん張りの重要性」を話していた。福嶋晃子プロは「下半身の踏ん張りが重要」と書いている。

ゴルフのレッスン書では「頭の位置をずらすな」と教えるものが多いが、頭の位置ずれは足元のぐらつきの結果であって、足元を踏ん張ることの方がはるかに重要である。言うまでもなく、スイングの土台は足元にある。土台がぐらつけばスイング軌道がずれるので、何をしても無駄である。構えて、テークバックし、ダウンスイングを開始するまでの一連の動作の中で、貧血を起こした時のように頭が少し揺れるとほぼ確実にミスショットする。

足元のぐらつきはテークバックの過程で起こりやすい。テークバックの際にクラブと腕が回転するので身体全体としての重心移動が起こる。この時に足元を踏ん張っていないと身体全体がぐらつき、肩の位置がずれ、肩につながる腕、手の位置がずれ、手で握っているクラブヘッドの位置がずれる。その結果、構えていた場所にはクラブヘッドが下りてこない。前述したようにクラブヘッドの軌道にはミリ単位の精度が要求されるので、インパクトまでの間に足元がぐらつけば、スイングのその他の部分がどんなに良くても、それで終わりなのである。

そこで僕は、構えてからインパクトまで、ボールと目の位置の関係が微動だにしないよう足首にグッと力を入れて、足元を踏ん張ることを最優先にしている。これはドライバーショット、アイアンショット、アプローチショット、パターすべてに共通する重要事項である。

テークバック軌道を一定させる

1mくらい先にあるスパット（目印）に狙いを定めてナイスショットしたのに、飛び出し方向が左右に大きくずれる場合がある。ボールはほぼまっすぐ飛んでいるが、飛び出し方向が公差範囲を大きく逸脱する方向違いのミスショットは、スイングプレーンの左右方向の傾きが原因である。スイングプレーンはボール位置から肩に向かう傾斜した平面だが、その傾斜平面は身体の正面に対して左右対称でなければならない。これが左右のいずれかに傾くために、ボールの飛び出し方向が狙い方向からずれてしまうのである。

ボールの飛び出し方向を安定させるには、いつも定まったスイングプレーン上でクラブを振ることが重要で、スイングプレーンを安定させるにはテークバック軌道を一定させる必要がある。そのためには、テークバックの過程で腕が通過する一点を決めておいて、いつもそれを守ることである。僕はスクールの先生から言われた「左腕が右腰の位置を通過する際に、左手の甲が斜め上を向く」を順守している。プリショットルーチンでは必ずこの位置を通るよう意識してバックスイングするよう心がけている。

ダフリのメカニズム

トップしたボールには回転がかかりにくいので大きく曲がらない。「トップに曲がりなし」で、飛距離は多少落ちるものの、グリーン周り以外でのトップは「結果オーライ」になることが多い。一方ダフると飛距離は大きく落ちるので精神的なショックが大きい。また「ここ一番」という時に限ってダフることが多い。

ゴルフは地面に置いたボールを打つスポーツであるから、ボールよりも少し先に地面を打つ可能性は大いにある。それゆえ、ダフリの原因について考えることはゴルフにとって最も本質的な部分を考えることであるとも言える。

ダフリはクラブが振り下ろされる位置（打点）が、構えていた位置から上下左右にずれる結果生じる。

・打点の上下方向のずれ

上下動はトップやダフリの最大要因である。上下動は、ヒールアップ、右膝が緩い、ダウンスイングの踏み込み時の力の入れすぎなどで生じる。ダウンスイングの踏み込み時点で右足に大きな下向き荷重がかかるのだが、この時右膝が緩いと右膝が曲がる。その結果肩の位置が下がり、手の位置が下がり、打点が下がるためダフるのである。そこで膝の緩みが原因なら「右膝上下に固定」を管理ポイントにするのが有効である。

もう一つの対策は切り返し後のダウンスイングをゆっくり始めることである。そもそも膝が曲がるのは、ダウンスイングの開始時点でガッと下向きに力を入れすぎる（踏み込みすぎ）からである。だから、切り返し後のダウンスイングをゆっくり始めることによって下向き荷重を小さくし、そしてスイングは腰の回転で加速していく。これを心がけるとダフリは相当無くなる。

・打点の右方向のずれ

テークバックの段階で、上体の右方向へのスウェーが大きいと、打点は狙った位置よりも右にずれ、ボールの少し右側にクラブヘッドを振り下ろす結果、ダフってしまう。上体のスウェーは膝の曲がりのせいではなく（膝は左右には曲がらない）、足首の曲がりや足裏が地面から浮き上がることが原因なのだが、テークバックの際に「身体を捻る」よりも「腕を振り上げる」意識が強いと上体が右に引かれ、足首が曲がり、上半身が右にスウェーしやすい。スウェーが原因の場合は「右膝左右に固定」の管理ポイントが有効だが、二軸スイング打法に従い、テークバックを「右足を軸にして体を捻る」意識で行うのも効果的である。

・ダウンブロー

ターフを取るダウンブローの打ち方そのものにもダフリの要因がある。図9に示すように、アイアンはフェース面をボールから少し離して構え、ここからスイングを開始し構えていた場所を目掛けてクラブを振り下ろす。ダウンブローとは破線のような入射角度で振り下ろすのを言うのだが、クラブのソール（底部）を地面につけて構えたり、ソールを浮かしていてもヘッドがボールから離れすぎて構えたりすると、クラブヘッドはボールを打つ前に地面を打ちやすい。つまりアイアンはもともとダフりやすい位置に構えているので、ダウンブロー気味にクラブを振り下ろす限りダフる確率が高くなるのは当然のことである。

したがってアイアンでのダフリを避けようとすれば、図の実線のように限りなくゼロに近い入射角度で振り下ろす、つまり払い打ちをするか、クラブヘッドを少し浮かせてトップしないよう気をつけながらダウンブローに打つかのいずれかしかない。どちらのやり方をするかは好みの問題だが、「アイアンは払い打ちが正しい（金井プロ）」、「低重心のアイアンではターフを取ろうとしないでよい（田原プロ）」、「アイアンはハーフトップ気味で打てばよい（堀尾ティーチングプロ）」などのプロのアドバイスもあるので、僕はより安全な払い打ちに切り替えた。

図９　ダウンブローと払い打ち

払い打ちを確実にするにはテークバックを「Uの字」をイメージして低く長く引きながら上げていくことである。一般的にテークバック軌道とダウンスイングの軌道はほぼ似た軌道を描く。両者は全く同じではないけれど、Vの字でテークバックすればVの字でダウンスイングしてダウンブローで打ってしまう。スイング動作が速すぎるために、Vの字で持ち上げておいてUの字で振り下ろすことはできないのである。だからUの字で振り下ろすのならば、Uの字でクラブを持ち上げるしかないのである。

またドライバーショットとアイアンショットとで別々の打

ち方をしていると、ドライバーの際にアイアンの打ち方をしてしまうことがある。よくあるのは、ドライバーをダウンブロー気味に振り下ろしてテンプラを打ってしまうことである。ドライバーショットの素振りで、ヘッドがダフるときは、ダウンブローで打とうとしているか、前述した両腕の緩みかのいずれかのシグナルであるから要注意である。ダウンブローが原因なら、本番ショットではUの字を意識してヘッドを長く後ろまで引いてテークバックすること。

ドライバーは払い打ち、アイアンはダウンブローと2種類の打ち方を使い分けようとするとミスをしやすい。アマチュアの場合はあれこれ沢山の技を身に付けようとせず、ドライバーショット、アイアンショットとも払い打ちに一本化すればミスが減っていく。

またフェアウェイバンカーからのダフリには特有のメカニズムがある。フェアウェイバンカーは足場が柔らかい。だからダウンスイングの瞬間の踏み込みで少し地面がめり込む。このため打点が構えていた位置よりも少し下がり、ボールを打つ前に砂を打ってしまう。これがダフるメカニズムで、これを回避するには、クラブヘッドのソールがボールの赤道付近になるくらい高く構えてスイングすれば良い。

なお、何でも彼でも払い打ちをすればよいというものではない。特にグリーン周りのバンカーショットで払い打ちをすると、トップして痛い目を見る可能性が高いので要注意。この場合は意図的にダフって砂を打つのであるから、Ｖの字にテークバックしてダウンブローで打つのが安全である。

スイングのテンポを一定にする

ミスショットしないための重要な因子はいくつかあるが、その中でもスイングのテンポ（拍子）を常に一定にすることは重要な因子の一つである。これは多くのプロが指摘していることだが、無意識に一定テンポで打てるようになるのはなかなか難しい。僕はテンポの重要さを理解し、納得するまでに相当時間がかかった。

テンポが重要な理由は、前述したように、ダウンスイングを開始してからクラブを振りきるまでに上体と腕の回転を同期させる必要があるからである。この同期が崩れると様々なミスを誘発してしまう。ここ一番の緊張で力むと余計に力が入ってしまうし、動作も速くなる。このためにトップ位置での切り返しのタイミングが崩れて腰からの始動が曖昧になる、あるいはダウンスイングでの踏み込みが強くなりすぎるなどでミスショットをしてしまうのである。

結局、切り返しからダウンスイングまでをスムーズに行うことが最も重要になるのだが、そのためには、自分にあった一定のテンポでスイングすることを習慣づけるのが最も有効なようだ。ジャック・ニクラウスのスイングを連続撮影したら、すべてのクラブのスイングが同じ駒数になったという話もある。つまりジャック・ニクラウスはすべてのクラブを皆同じテンポで振っていたのである。

僕は切り返し後のダウンスイングをゆっくりスタートし、その後に腰の回転でスイングを加速していくテンポを身に付けるために、ジェット機がゆっくり離陸しグーンと加速していくのをイメージし、「ジェットキノカソク」を唱えながらスイングしている。具体的には「ジェットキノオー」でトップまで持っていき、切り返した後「カソクー!」と念じつつ腰を回転するようにしている。このように自分のテンポに合った「呪文」を見つけて、それを唱えながらスイングすると良い。

ショットが安定しない場合の対処法

アプローチショットやパッティングも重要だが、ゴルフにとってはなんと言ってもショットが重要である。ショットが安定しないとスコアはまとまらないし、自信を持ってプレーを続けられない。そこで、前述したことと一部重複する部分もあるが、本章の最後にショットがどうしても安定しない場合の対処法をまとめておく。

原因１：ボールから目を離すのが早すぎる

ボールから目を離すとは、インパクト前にボールの行方を見ようとして頭を上げること（ヘッドアップ）である。インパクト前にボールから目を離してしまうと、頭の位置がずれて肩の位置がずれる結果スイング軌道がずれてしまう。これは諸悪の根源で、トップやダフリの要因でもあるし、上体が早く起き上がる結果カット打ちの軌道になってスライスを打つのもこれが原因である。だから、ショットが安定しない場合には、まずはインパクト前にボールから目を離していないか疑ってみること。そしてインパクトの後もボールのあった位置を見続ける気持ちでスイングすること。

原因2：両脇が緩い

両脇が緩いと、スライスやダフリなど様々なミスショットを誘発するし、芯を外して打つ可能性が高くなる。腰からのスイング始動が上手くいかない時や、素振りの際に50㎝くらい右でダフる時は、両脇が緩んでいる場合が多い。このような場合は両腕を絞るくらいの握り方をすると解決する。

原因3：上体の捻りが浅い

上体の捻りが浅いと腰が十分に回転せず、腕が先に下りるアウトサイドインの軌道になりやすい。このため上体を十分捻ることが重要なのだが、そのためには第3章で述べたように「左肩が両足の真ん中に来るまで捻る」を目安にして捻る。これでもうまくいかない場合には、緊急の対処法として「左肩が右膝の位置に来るまで捻る」のがよい。

原因４：足元のぐらつき

一般に中高年の場合は、疲労のせいで足元の踏ん張りが利かなくなり、そのためにミスショットすることが多い。午後になってミスショットし出したらまずは足元がぐらついていないかを疑ってみることである。

原因５：タイミングの崩れ

上体の回転と腕の回転のタイミングが崩れるとミスショットしやすい。そこでダウンスイングを腰から始動するのだが、これは言うは易く行うは難しで、これを無意識にできるようになるには相当の練習が要る。日によって腰からの始動がしっくりいかず、腕が先に下りてしまう時がしばしばあるものだが、そういう場合は上体をいつもより速く回すよう意識してスイングする、またはダウンスイングをインサイドから振り下ろすことを意識して行うと上手くいくことが多い。

第5章

アプローチショットミスの原因と対策

汗一滴落ちてパターで弾けたり

●アプローチショットの要点

ピンそば1mに寄せようなどと欲張った考えを持たなければ、アプローチショットのミスを減らすことは比較的易しい。アプローチショットではトップやダフリを起こさないことを最優先にし、かつ方向性を高めることに焦点を絞る。そのための管理ポイントは、

①両足に緊張感を持ち、背骨をまっすぐ伸ばして構える
②両腕をまっすぐ伸ばして、まっすぐ伸ばしたまま打つ
③両腕は飛球線方向に平行に上げ、平行に振る

④ボールから眼を離さない
　である。

　これだけを徹底すれば、アプローチショットの大きなミスは激減する。また50〜80ヤード区間での大幅なショートやオーバーなどの距離感のミスは距離の読み方の知識を持つことで相当防げる。


　僕の場合、80ヤード以下を二分して、ショートアプローチとロングアプローチの２種類に分けて対処する。80ヤード以上の距離ならショートアイアンを短く握ってフルショットで対応する。小さなテークバックで打つ、いわゆるコントロールショットは、体軸の回転と腕の回転のタイミングの取り方が難しく、ミスをしやすいのでこの打ち方はしない。

　クラブは、ＳＷやＡＷに比べてトップやダフリを起こしにくい、飛距離が足場の影響を受けにくいなど優れた点が多いので、ＰＷをアプローチショットの主役にしている。ＡＷはトップやダフリを起こしやすいので、ボールを高く上げて転がり距離を小さくしたい場合やボールの下が柔らかい場合のみに限定して使っている。

ショートアプローチは腕をまっすぐ伸ばして打つ

ショートアプローチは40ヤード以下の場合で、いわゆる「ピッチエンドラン」の打ち方をするが、下半身は動かさず、腕の振りだけで打つ。

①クローズ（両足の爪先を結んだ線が飛球線と平行）に構え、両足は対称形の逆ハの字に開く。重心は左足側に置きハンドファーストに構える。ボールの位置は両足中央で、クラブヘッドは地面すれすれに浮かせて構える。

②背骨を伸ばし、べた足で、両足全体に緊張感をもたせて上下左右の動きを封じる。

③両腕をまっすぐ伸ばしたまま打つ。テークバックからインパクトまで「まっすぐ伸ばす」を変えない。

④腕は、飛球線に平行に上げて、平行に振る。

⑤腕の振りの大きさで10ヤードから40ヤードまで打ち分ける。

⑥ボールから眼を離さず、打った後もボールの置いてあった場所を見続ける。

ロングアプローチは50～60ヤードを打つ

ロングアプローチは50～80ヤードの場合である。打ち方はショートアプローチと基本的に同じだが、腕を少し曲げて、左腕が時計の９時の位置にくるまで上げる。トップやダフリを起こさないよう両足全体に緊張感をもたせ、下半身の動きを最小にして打つ。そして距離を微妙に打ち分けようとするとミスしやすいので、ＰＷで60ヤードを打ち、ＡＷで50ヤードを打つ練習だけをする。この距離を確実に打てるようになれば、ピンまで50～80ヤードならセンター狙いでグリーンに乗る。

なお距離感の問題については、本章の後半で説明する知識をベースにして、足場の状況なども勘案して適宜クラブ選択をすること。

ダフリやトップは下半身の上下左右の動き、手首の曲がり、背骨と腕の関節の伸縮の結果クラブヘッドがボールをヒットする位置がミリ単位でずれることで起こる。そこで背骨、両腕、下半身の一切の伸び縮みを排除した構えをし、一切の伸び縮みを封印してボールを打つ。つまり殺せる自由度はすべて殺すのである。両足全体に緊張感をもって構えると、背骨にも自然と緊張感が出て、背筋も緩まない。また両腕をまっすぐ伸ばして打つ意識を持つと、手首の曲がりも起こらない。

第3章で説明したように、両足の開き角度が非対称であると、肩のラインが飛球線方向からずれやすい。下半身の安定のために両足は少し逆ハの字に開くが、開き角度はあくまでも対称で、両足の爪先を結んだ線が飛球線と平行になるように立つ。オープンに立つと肩のラインを合わせるのが難しくなるので止めた方が良い。

僕の経験では肩を横に回転して打つと方向性が悪くなりやすい。その理由は、芝や草の抵抗に負けてフェースが戻りきらないまま打ってしまうためだが、狙い方向から大きくずれる結果、思わぬ大叩きの出発点になることもある。そこでパッティングと同様、ショートアプローチも腕は狙う方向に平行に上げて平行に打つ。このとき肩は縦に回転するが、肩の回転ではなく、草の抵抗にあってもヘッドの向きが変わりにくいよう腕の上げ下ろしで飛球線方向に平行に打つ。またインパクト前にボールから眼を離してしまうと手元が狂い、トップやダフリを起こしやすいので、打ち終えた後もボールのあった位置から眼を離さない習慣をつける。このようにアプローチショットの管理ポイントはパッティングの管理ポイントと類似点が多い。それはアプローチショットがパッティングの延長であるからである。

ヤーデージ杭の実際の距離

コースの外側には１００ヤード、１５０ヤードの杭が打たれている。杭の代わりに椿などの木が植えられている場合もある。１００ヤードの杭は「グリーンセンターまで１００ヤード」あるいは「グリーンエッジまで１００ヤード」の意味で、センターまでか、エッジまでかはコースによる。

まず予備知識として、コースには設計上のセンターライン（中心線）が定義されていることを知っておく必要がある。実際のコースは直線ではないが、センターラインは直線または直線をつないだ折れ線で近似したものである。

「グリーンセンターまで１００ヤード」の杭の意味は次のとおりである。まずコースのセンターライン上でグリーンのセンターから１００ヤードの位置に基準点を決め、その基準点からセンターラインに直角に線を引く。そして、その線をフェアウェイの外側まで延長した位置に「１００ヤード」の杭を打っている。また１００ヤードは水平距離であり、傾斜面に沿った距離ではない。であるから、杭の位置からグリーンセンターまでの実際の距離はフェアウェイの幅と傾斜度合いによって多少変わる。コースが平坦でフェアウェイの幅を40ヤードとすれば、１００ヤード杭からグリーンセンターまでの実際の距離は１０２ヤード、50ヤード杭なら54ヤードで表示距離と大きく違わない。しかしフェアウェイがもっと幅広い場合や、ヤーデージ杭の反対側にボールがあるような場合は、ヤード表示よりも20ヤードも大きくなることもある。

前述したようにヤーデージ杭は水平距離を表示しているので、斜面に沿った距離は表示よりも大きくなるが、傾斜が10度でも１・５％増える程度だから大した差ではない。それよりも重要なのは、傾斜によって飛距離が大きく影響されることで、その影響度合いを予備知識として持っておくと損は無い。これに関しては後で詳しく解説する。

距離の読み間違いを無くす

練習場では30ヤード、50ヤードなどの標識があり、僕らはそれを目安にしてアプローチショットの練習をしているのだが、練習場とコースでは周りの広さや景色が違うので錯覚を起こしやすい。１００ヤード以下になると、残りの距離を読み間違えることが多くなる。残りの距離は大体何ヤードくらいと目測で判断しがちだが、目測では距離を読み間違えやすい。

これを避けるには二つの方法がある。

ひとつは歩測による方法で、プロのトーナメントでキャディーが歩測しているのを見てから、僕も実戦で取り入れた。僕の場合は「30歩で20ヤード」をベースにして、１００ヤード杭が近くにあれば、そこを基準にしてボールまでの距離を歩測してピンまでの距離を暗算で出す。

50ヤード近辺の場合は、三角測量の原理で50ヤードよりも大きいか小さいかだけを判断する。クラブを逆さに持ち腕をまっすぐ伸ばして、ピンフラッグの高さとクラブのグリップに印刷されている「inpres」（ヤマハのブランド名）の文字の長さを見比べる。文字の長さは3・7㎝、目から腕までの長さは70㎝、ピンフラッグの高さは約2・3m（2・6ヤードが標準）であるから、三角測量の原理で、ピンまでの距離が50ヤードならピンフラッグの高さとグリップの印字は同じ長さに見える（図10）。ピンフラッグが印字よりも短く見えれば距離は50ヤード以上、印字よりも長く見えれば50ヤード以下であるから、この方法で40ヤードか60ヤードかの判断はできる。この方法は砲台グリーンでは通用しないが、平坦なコースなら結構役に立つ。

グリップに適当な目印が無い場合は、親指の長さを目印にして三角測量してもよい。

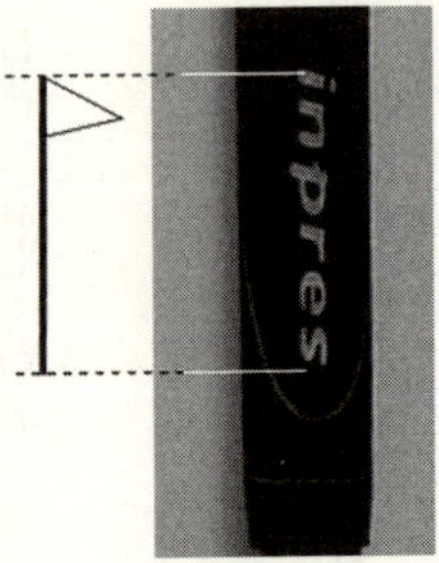

図10　三角測量でピンまでの距離を測る

上り斜面では飛距離が低下する

コースが傾斜している場合は、クラブのロフト角の関係で飛距離が影響を受ける。また同じ傾斜でもショットの足場が水平か斜面かで飛距離が異なる。その度合いを具体的なデータとして頭に叩き込んでおくと随分役に立つ。

問題を簡単にするために、空気抵抗やスピンやディンプルに起因する空気からの揚力の影響は考慮せず、いわゆる質点（重さのある点）の運動として計算する。そうするとボールの弾道はよく知られた放物線を描く。ドライバーショットのような飛距離の大きい場合は、こう簡単にはいかないが、１００ヤード以下の短距離の場合なら、これらを無視した計算でも大きな違いはなかろう。

水平面（傾斜ゼロ）で弾道の仰角（打ち上げ角度）αで打った場合の飛距離（キャリー）をS_1とする。

水平面ショット

ショットは水平面で行うが、その先が角度βで傾斜しているものとする（図11参照）。この場合、弾道が斜面と交差する点の水平位置が飛距離であり、これをS_2とする。S_2とS_1の比率は、高校の物理学程度の計算から、

$$\frac{S_2}{S_1}=1-\frac{\tan\beta}{\tan\alpha} \quad \cdots\cdots(2)$$

となる。

傾斜面ショット

次に角度βの斜面に垂直に立って打つ場合の飛距離をS_3とする（図12参照）。S_3は弾道と斜面が交差する点の水平距離である。この場合の、S_3とS_1の比率は、少しややこしいが、次の式(3)で表される。

$$\frac{S_3}{S_1}=\frac{(\tan(\alpha+\beta)-\tan\beta)\cos^2(\alpha+\beta)}{\sin\alpha\cos\alpha}=\quad\cdots\cdots(3)$$

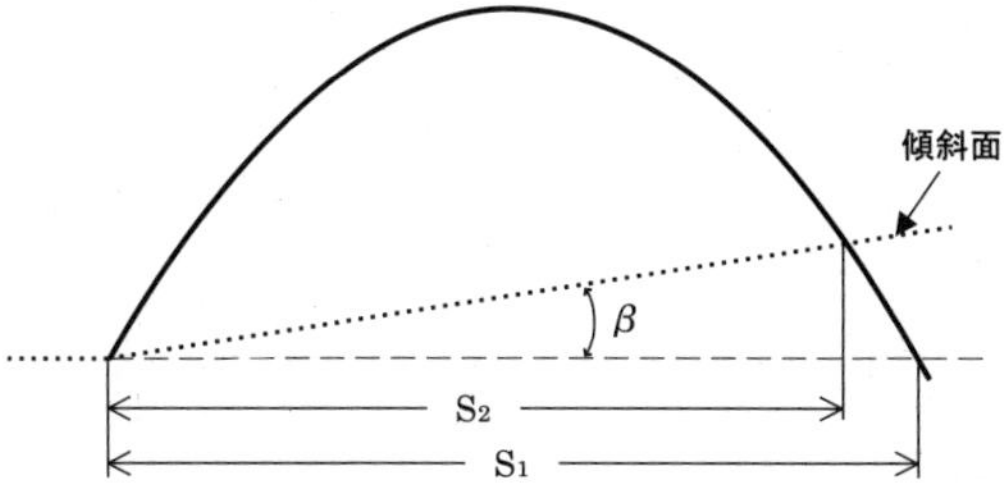

図11　水平面ショットでの飛距離の低下

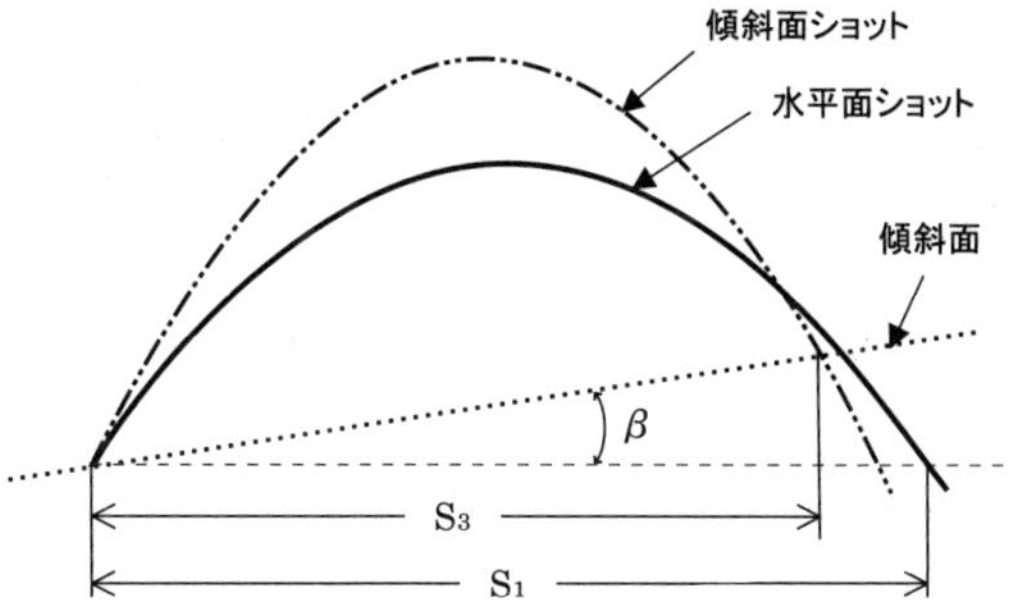

図12　傾斜面ショットでの飛距離の低下

式(2)(3)により具体的に計算した結果を表1に示す。数値のマイナスは飛距離が低下することを表す。なお、下り傾斜の場合は飛距離が増加するが、その増加率は表中のマイナスをプラスに読み替えればよい。弾道の仰角はロフト角と近似的に等しいと考えてよいので、α＝35度は7番アイアン、45度はＰＷ、55度はＳＷまたはＡＷのモデル計算になる。

表1から水平面ショットで仰角45度、勾配10度の場合の低下率は18％である。つまりグリーンセンターまで100ヤードの状況で、傾斜ゼロなら、キャリー90ヤード、ラン10ヤードで乗るはずのところが、上り勾配が10度であればキャリーは18％落ち、16ヤード不足してしまう。上り傾斜になるとランも小さくなるからおそらく20

仰角α（度）	足場	β＝5度	β＝10度
55（ＳＷ）	水平	−6％	−12％
55（ＳＷ）	傾斜	−13％	−25％
45（ＰＷ）	水平	−9％	−18％
45（ＰＷ）	傾斜	−9％	−18％
35（7ｉ）	水平	−13％	−25％
35（7ｉ）	傾斜	−6％	−12％

表1　傾斜角の影響による飛距離の変化率（上り傾斜）

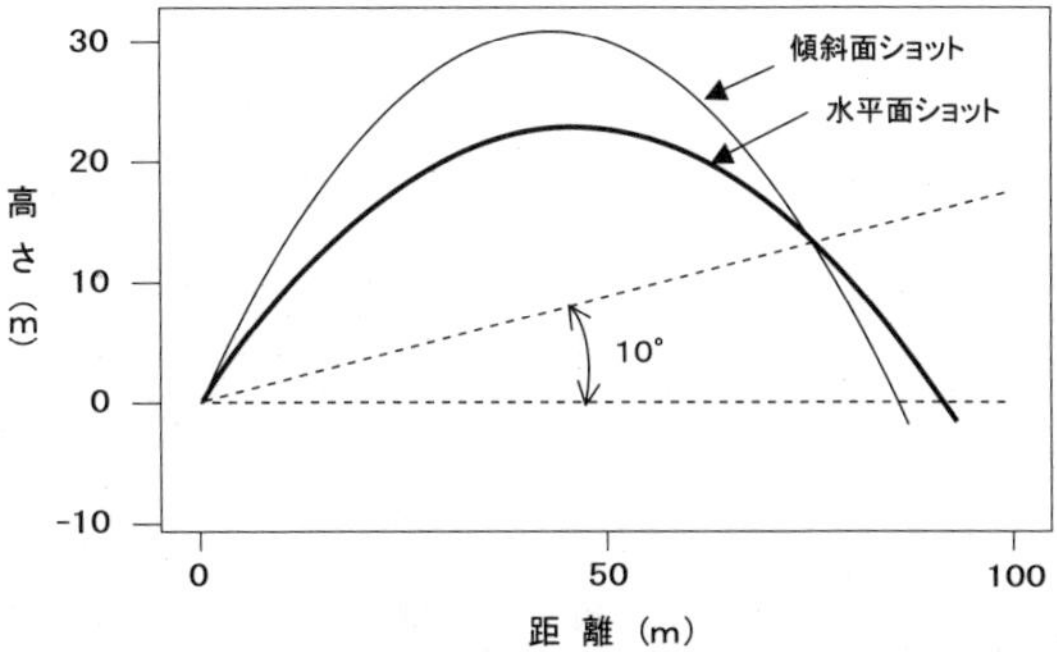

図13　仰角が45度の場合は水平面ショットと傾斜面ショットでは飛距離は変わらない

ヤードは不足することになるだろう。結局、傾斜を無視して打てば、グリーン手前のラフにつかまってしまうということになる。

αが45度の場合は水平面ショットと傾斜面ショットでは低下率は変わらない。つまり飛距離（キャリー分）が足場の傾斜の影響を受けないということであるが、この結果は一見信じがたいので、弾道のカーブを描いて比較してみた。ボールの初速度を秒速30m、仰角α＝45度、傾斜面の勾配β＝10度の場合のボールの弾道の計算結果を図13に示す。太い線は水平面ショットの場合、細い線は斜面ショットの場合である。図の右上がりの点線は勾配10度の斜面。太い線と細い線が勾配10度の点線と一点で交差している。つまりＰＷは足場の傾斜の影響を受けにくいので有利だということである。

αが45度以上になると傾斜面ショットの方が低下率は大きくなる。それは傾斜面ショットでは傾斜角度分だけロフト角が大きくなるからである。反対にαが45度以下になると水平面ショットの方が低下率は大きい。これは、弾道が放物線の場合は実質的な仰角が45度の場合、最も飛距離が大きくなるためである。

α＝55度（ＳＷやＡＷ）で、残り距離70ヤード、勾配10度の砲台グリーンの下から打つ場合を考えよう。傾斜面ショットなら、表1から低下率は25％で18ヤード不足するので、上手く打てたのに全く届かないという状況になりうる。一方、勾配10度の砲台グリーンでもたまたま足場が水平なら低下率は12％であり距離は8ヤードの不足で済む。このように、足場の状態で届いたり届かなかったりするのだが、それはクラブのロフト角が見かけ上変わるからである。

このようにロフト角が大きいＡＷやＳＷは飛距離の低下率が足場の状態（水平面、傾斜面）により異なる厄介な面がある。そこで、アプローチショットでは傾斜面、水平面いずれも、仰角が45度に近いＰＷを使うのが確実性は高い。

７番アイアンなどのロフト角が小さいクラブでの計算はあくまでも参考だが、ロフト角の小さいクラブでグリーンオンを狙うような場合、グリーンが自分の目の高さよりも10ヤード以上高ければ、勾配は５度以上あるので、10％以上の飛距離の低下を見込まねばならない。

トップやダフリを起こしやすいクラブ

ＳＷやＡＷのようなロフト角が大きいクラブの場合、ボールの下が硬くて滑りにくい状況（フェアウェイの花道や短い芝）ではトップやダフリを起こしやすい。これはショートアプローチ、ロングアプローチともに言えることで、注意を要する。

アプローチショットでトップやダフリを起こす確率は、ロフト角の大きさと関係している。図14はボールにクラブヘッドが接触した状態の模式図だが、この図でクラブのリーディングエッジが地面よりも下方に来ればダフる（地面が硬く滑りにくい場合）。

またリーディングエッジがクラブとボールとの接触点よりも上方に来ればトップする。つまりボールをクリーンヒットできるのは、リーディングエッジが、ボールとクラブの接触点から地面までの範囲に振り下ろされる場合に限られる。そこでこの距離をクリーンヒットするための安全距離と呼ぶ。安全距離は簡単な幾何学の問題で、次の式(4)で計算できる。

安全距離$=R(1-\sin\alpha)$　……(4)

ここでRはボールの半径で21㎜である。αはロフト角で、αが45度なら安全距離は6・2㎜、上下方向でプラスマイナス3・1㎜の公差である。これに対してロフト角が55度なら安全距離は3・8㎜、上下方向での公差はプラスマイナス1・9㎜になる。つまり、ＰＷ（ロフト角は45度に近い）ならば上下方向でプラスマイナス3・1㎜の公差

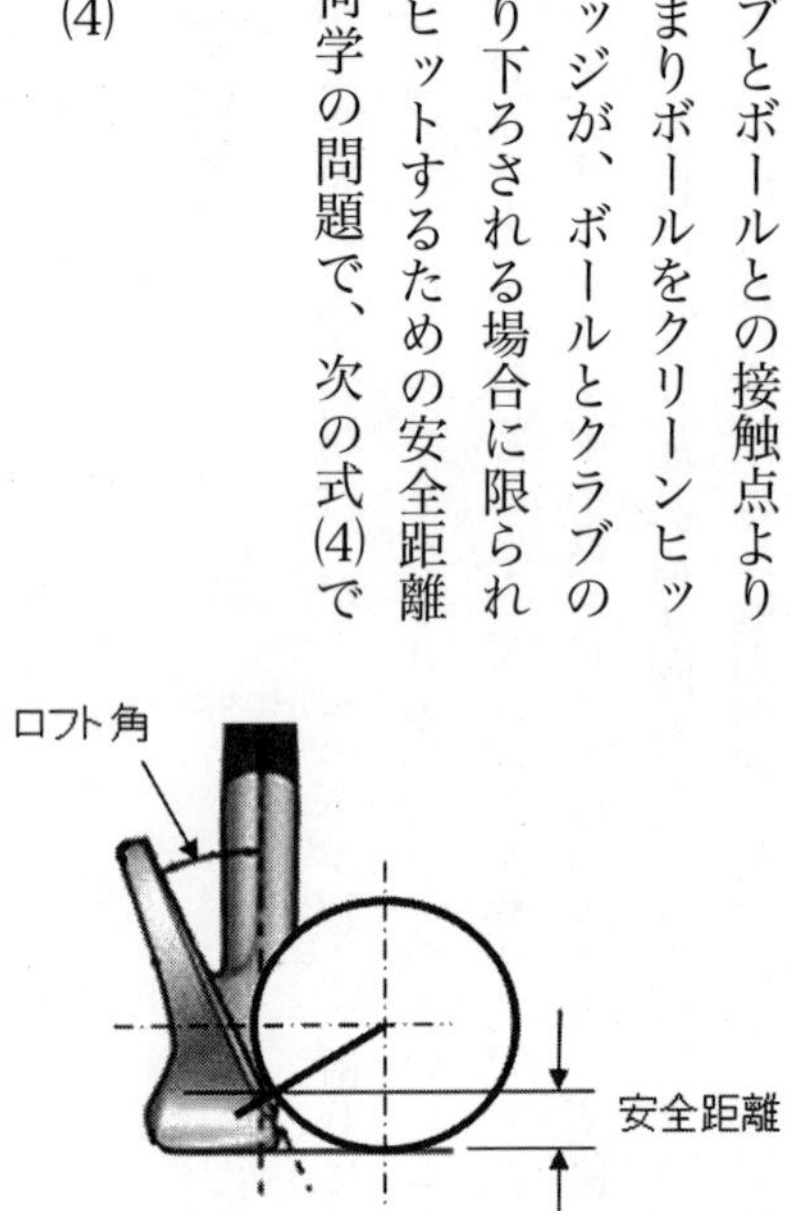

図14　ロフト角と安全距離の関係

範囲に振り下ろせばよいのだが、ロフト角が55度に近いＡＷやＳＷの場合は上下方向でプラスマイナス１・９㎜の公差範囲に振り下ろせなければトップやダフリが生じる。このようにロフト角が大きくなると、クリーンヒットするための上下方向の許容公差が小さくなり、トップやダフリが生じやすくなるのである。この計算は払い打ち（クラブが入射角ゼロで入る場合）を想定したもので、ダウンブローに打てば安全距離はさらに小さくなる。

なお、リーディングエッジがボールの赤道よりも上を打つとチョロっとしか飛ばないのでこれを「チョロ」という。ミスショットには変わらないが、トップとは現象が異なる。

またアイアンのソール（底部）部分は少し膨らんだ形状をしているのが普通である。このためにハンドファーストの程度が小さいとクラブヘッドを地面につけた状態でリーディングエッジが地面よりも浮いてしまうことがある。その分、安全距離が小さくなるわけでダフリやトップを起こす確率はさらに高くなる。ソールの膨らみ方はクラブによるので、自分のクラブのヘッド部分をじっくりと眺めてみて、どこまでハンドファーストに構えればリーディングエッジが地面から浮き上がらないか、確認しておくと良い。

式⑷からトップやダフリの面からは、ロフト角が小さくなるほどより安全になることが分かる。それゆえアプローチショットには9番アイアンや8番アイアンを使えと薦める人が多いのである。ただしロフト角が小さくなると転がり距離が増えるので、当然のことだが、十分練習を積んで距離感を掴んでおくことが大事である。

第6章 ミスパットの原因と対策

白球の消えゆく先に紅葉山

パッティングはセンスの問題と言われることが多いが、センスは持って生まれたものではない。自分はセンスが悪いというのは単なる思い込みにすぎないことが多い。ミスパットの原因を理解して、ミスパットの四大要因に対してきっちり対策をとればミスパットを減らすことができる。ミスパットが減ればセンスが悪いという思い込みは自然と解消していく。

ミスパットの四大要因とは、

①構え方のばらつきが大きい
②頭を上げる、動かす
③手首が曲がる

④テークバックの軌道がまずい

である。以下で僕の対策を説明するが、パッティングに定型は無いので、それぞれの打ち方や体格に応じた対策を選んでください。

ショートパットの精度

50㎝のパットを外す、あるいは1mのパットをショートするなどショートパットのミスほど悔やまれるものはない。この種のショートパットのミスは十分に打ちきれないために生じるのだが、その根底には方向性に自信が無いことがある。方向性に十分な自信があれば強めに打てるので、ショートパットのミスはあまり起こらない。スコアアップのためには是が非でもパットの方向性を高めたいのだが、そのためにはまずパッティングに格段の高精度が要求されることを理解する必要がある。

カップの直径は108㎜で、ボールの直径42㎜の約2・5倍である。したがって、センター狙いで確実に入れるための許容公差はプラスマイナス25㎜である。これは1mのパットなら距離のプラスマイナス２・５％で（角度換算でプラスマイナス１・５度）、ショットの場合の公差プラスマイナス10％の４倍の高精度である。これが２ｍになるとショットの場合の８倍の精度が要求される。これほどの高精度が必要なために、それに応じて細かい点にまで気を配らねばならない。また高精度ゆえに練習の成果がすぐには現れない。カップを10㎝外すのも、２㎝外すのも外すことに変わりない。少しくらい上達してもスコアの短縮には直結しないので、諦めずに、気長にやることである。

構え方のばらつきを減らす

構え方のばらつきとは、例えば、
・ボールの置き場所が前後左右にずれる
・両足の体重配分がずれる
・両足の開き方がずれ、肩のラインがパターラインから狂う
などである。

これらが微妙にずれるだけで打ち出し方向の狂いにつながり、ミスパットになる。そこでミスパットを減らすために第一番目になすべきことは、アドレスのばらつきを減らすことである。どのようなアドレスが良いのかは一概には言えない。ただ毎回同じアドレスをとれるよう、自分のアドレスの形を自覚して、構える段階からボールを打つまでのルーチンを確立することである。

具体的には、自分のアドレス方法の詳細をメモに書き出して整理してみるとよい。例えば、両足の開き方、両足を基準としたボールの位置、体重は両足均等かどうか、アドレス時に左右の脇を締めているかどうか、などである。このような自分本来のアドレスの形を明確に自覚し、毎回それを再現するよう習慣づけることでミスパットを相当減らせる。

参考までに僕のアドレスを紹介すると、まず両足を揃えて立ち、両足の中心線上に打点が来るようフェースを合わせる。そして、右足、左足の順で足を平行のまま均等に開く。両足体重で構え、ボールの右側面（打撃点）と両足爪先がほぼ正三角形を形づくるように立つ。そしてパターのシャフトを中心線として、両足が左右対称になっていることを確認してアドレスを完了する。また、右手をぎゅっと強く握り、左手と左脇はきつく締めないようにしている。

下半身をガチッと固める

「まっすぐ引いてまっすぐ出す」はパッティングの際にそういう意識で振ることを推奨した格言であり、文字どおりまっすぐ引いてまっすぐ出すのは人間の身体の構造からして無理であることは多くの人が指摘している。パターヘッドの軌跡を目で追ってみれば、ストローク軌道が円弧状になることは一目瞭然である。つまり自然なパッティングのストロークは、インサイドから入って円弧の接線方向にボールを打ち、インサイドに抜けていく。

この円弧の半径は、僕自身のアバウトな測定では0・5mから2mくらいの範囲でばらつく。ばらつきの原因は下半身の緩みにあり、下半身をガチッと固定すれば円弧の半

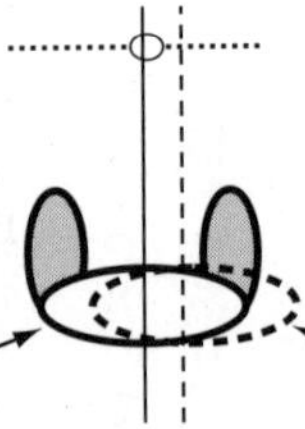

図15　体重配分と肩の位置

径は大きくなり、下半身が緩いと円弧の半径は小さくなる。

円弧の半径は大きい方が有利である。それは、ボールの置き場所が左右にずれた場合のボール到達点のずれを計算してみれば理解できる。例えば、カップまでの距離が1mで、ボールの置き場所がボール半個分左右にずれた場合の目標とのずれは、円弧の半径が0・5mならプラスマイナス40㎜、円弧の半径が2mならプラスマイナス10㎜である。1mのパットを入れる公差はプラスマイナス25㎜であるから、半径が2mならボール半個分左右にずれた程度では1mのパットを外すことはない。しかし半径が0・5mなら50%の確率で外してしまう。このように下半身をガチッと固めると、ボールの位置ずれの影響を最小にすることができる。

下半身を固めることのもう一つのメリットは、肩の位置が左右にずれにくくなることである。図15は両足と肩の位置を上から見た模式図だが、実線で示すように、両足体重なら肩の中心は両足の中央に来る。ところが下半身が緩いと、肩の位置が左右にずれやすい。パターは肩を基準にして振るわけであるから、点線のように肩の位置が右にずれると円弧の中心線は両足の中心に対して右にずれる。その結果ストローク軌道が狂ってしまう。

このような肩の位置ずれを最小にするためには、下半身をガチッと固めて立つことが有効である。

ストローク軌道のずれはテークバックで起こる

ショットと同様、パッティングでもテークバックは重要である。テークバックの仕方がまずいと、ストローク軌道が本来のインサイドイン軌道からずれ、ボールは狙い方向に転がらない。

ボールの前後方向の置き場所（ボールと両足爪先までの距離）には人それぞれの適正距離がある。図16に示すように、この距離が適正でないとスムーズなテークバックがで

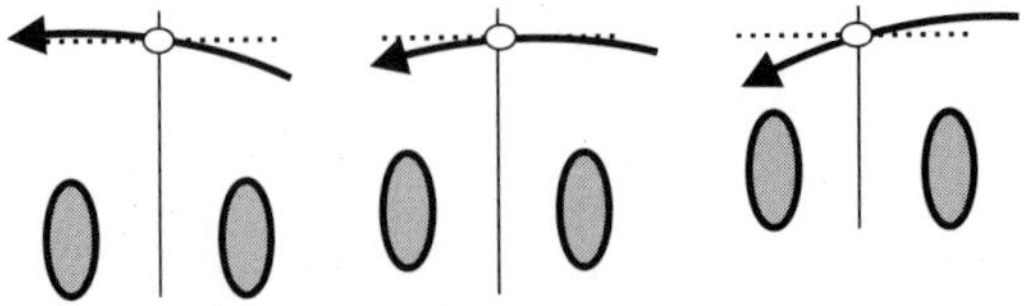

図16　ボールの前後位置とストローク軌道

きなくなる。これが適正距離よりも大きすぎる（離れて立ちすぎる）と、テークバックの際に本来のインサイドイン軌道よりもさらにインサイド側に引きやすい。このためにインサイドアウトの軌道でボールを打ってしまう。またこの距離が適正距離よりも小さすぎる（近くに立ちすぎる）とテークバックでアウトサイド側に引きやすく、アウトサイドインの軌道でボールを打ってしまう。だからこの適正距離を練習で見出しておき、常に一定になるようアドレスする習慣をつけること。

また両腕の力の協調関係が取れずにテークバックするとストローク軌道がずれやすい。利き腕が右腕の人はオーバーラッピンググリップで握ることが多いのだが、この場合左手でグリップエンド側を握るため、右腕の長さに比べて左腕の長さが少し余ってしまい、左腕を少し折りたたむ形になる。この状態からテークバックする時に左腕に余計に力が入ると、折りたたまれた左腕が伸び出す方向に動き、軌道はアウトサイド側に逸れる。したがって常に両腕の力の配分を崩さずスイングすることが重要で、そのためには例えば両腕を均等の力で振るのが良いと考えがちである。しかし、両腕の力を均等にして振るのは思うほど簡単ではない。もともと力に強弱のある両腕に、パッティングの場合だけ協調作業をさせるのは難しいのである。

この種の両腕の力のアンバランスは悩ましいものだが、これに起因する軌道のずれを減らす最も単純で効果的な方法は、テークバックからインパクトまですべて右腕（利き腕）主導で行うことである。左手は軌道の前後方向のずれを防ぐ舵取り役とし、ストロークには参加させず、右腕で打つ。これを習慣づけることで軌道のずれはかなり小さくなる。また僕の場合は、利き腕の強さのせいで、両腕均等に振るよりも距離感も良くなる。これも右腕主導で打つ利点の一つである。レッスン書ではゆるく握って両手均等で打つことを推奨するのが多いようだが、利き腕で打つことのメリットを力説する人は決して少なくないし、またジャック・ニクラウスも右腕で打っていたようだ。

頭を上げない、動かさない

プロのパッティングスタイルをテレビで見ると、パターの種類、グリップ方法、アドレスなど実に様々だが、すべてのプロに共通している点が一つだけある。それは打ち終えるまでは絶対に頭を上げないことである。肩の鎖骨は肋骨を経由して首の骨につながっている。だからインパクト前に頭を上げると肩の位置が変わり、ストローク軌道が狂ってしまう。首の前傾角度は変えず頭を首の周りに回転するだけでも肩の動きやストローク軌道に影響する。陳清波さんは「目玉が動くだけで微妙に手元が狂う」と述べているが、パターとはそれくらいデリケートなものである。

頭の左右の動きもミスパットの大きな要因である。特に注意しなければならないのは、ボールを打とうとする腕の左方への動作に伴って頭も左方に動くことである。頭が左方に動くと肩も左方に動くので、ボール位置を通常よりも右に置いて打つのと同じ影響が出る。つまりフェースが戻りきる前にフェースがオープンなままで打ってしまうので、ボールは目標よりも右側に転がる。狙った方向よりもボールが右に大きく逸れたときは頭が動いている可能性が高いので、次のパットからはこの点に注意すること。

パッティングでは諸悪の根源である「頭を上げる、動かす」を絶ち、パターラインにまっすぐにクラブを振ることが大事であるので、前述したように下半身をガチッと固めて「頭を上げない、動かさない」を管理ポイントにし、頭を元の位置に残す意識でストロークする。

「頭を上げない」は足元だけを見て打つことを意味するのだが、足元だけを見ているとパターラインが分からなくなる。パターラインを明確に意識できないとそれだけで打ち出し方向が狂うことがある。そこで、パターラインに平行に振るための基準線を意識する必要があるのだが、これにはいくつか方法がある。僕が推奨する一番確実な方法は、構えて足元を見下ろしながら、両足の爪先を結んだ線（パターラインと平行なはず）を水平の基準線としてイメージすることである。そして、この水平基準線のイメージに沿ってパターを振るよう心がけることである。

手首の曲がりを止める

手首の曲がりには2種類ある。パターを両手で握った状態で手首を左右に折り曲げるのをヒンジ回転と言う。一方、右手が左手の上に、あるいは左手が右手の上にくるように腕全体を捻る回転をロール回転と言う。手首のヒンジ回転とロール回転はともにストローク軌道とフェース角度を狂わせる。

手首の曲がり対策としては、全体にゆっくり振りゆっくり打つことである。全体にゆっくり振れば、テークバック後の切り返しが緩やかになりヒンジ回転は起こりにくくなる。特にショートパットの場合はゆっくり振ることに注意するとそれだけでミスが減る。

また手首の曲がり対策としては、手首を平行移動させる意識でボールを打つ、左手の甲をロックする、人差し指を伸ばしてグリップする、などと色々な説があるが、あまり細かいことを対策にするのは好ましくない。僕が推奨するのは、右手をぎゅっと強く握って、右腕主導で打つことである。右手を強く握ればそれだけで手首が固定され、ロール回転とヒンジ回転が同時に抑制される。また右手をぎゅっと強く握ると、両足の内側に緊張感が走って、下半身も固定される。利き腕で打つのにはこのようなメリットもある。

ロングパットは歩測と一定テンポ

ロングパットは、速度をイメージして打つ、打つ強さの勘を養うなどと教えるレッスン書もあるが、これは相当訓練を積んだ人以外は難しい。初級者にとっては、カップまでの距離を歩測し、振り幅と転がり距離の自分自身の目盛りに照らし合わせて振り幅を決めて打つのが確実な打ち方である。

ところが距離を歩測し、グリーンの傾斜分を加味して振り幅を決めて打ったにもかかわらず、転がり距離が大幅に違う場合がある。その原因はクラブを振るテンポが一定していないからである。

ボールの転がり距離を決めるのは、ボールをヒットするヘッドの速度である。だから振り幅だけでは速度をコントロールすることにはならず、転がり距離はコントロールできない。速度は「振り幅」を「パターを振る時間」で割ったものである。したがってパターを振る時間を一定にする、つまりテンポを一定にし、振り幅によって速度をコントロールするのである。

特に慎重になりすぎた結果、ゆっくり振ってしまうことがある。この場合は、振り幅は適正でもストローク時間が長くなるために速度は出ず、大幅に距離をショートしてしまうのである。そこで、振り幅の大小にかかわらず、常に一定テンポでパターを振ることを習慣づける。このためには「ワン　ツー　スリー」など自分のリズムに合う言葉を唱えながら振る練習をし、本番でもそのようにするのが良い。管理ポイントは「ゆっくり一定テンポで振れ」である。

パッティングの距離感でのもう一つ重要な点は、「決めた振り幅どおりに打つ」という強い意志である。狙いを決めて構えたら、あとは両足の幅を中心としたせいぜい50㎝くらいの範囲だけを見て、「決めたとおりに打つ」を心に念じてボールのマークだけを見て打つ。これで距離の大幅なオーバーやショートは避けられる。

なおロングパットの距離を歩測して合わせるのを推奨するレッスン書は少なくないのだが、歩測はスロープレーの一因と言われているので、歩測のためだけにピンまで往復するのは止めた方が良い。誰からも文句を言われない方法は、グリーンにはボールの反対側から上がり、そしてピン側から全体の傾斜を確認した後、あからさまに歩測していると見られないようにボールに向かいながら歩測することである。

第7章

大叩きを避けるために

アルプスの雪に対ひて構へたり

スコアをまとめるためには、大きなミスも小さなミスも減らす努力が必要である。そして最も避けたいものは、1ホールでトリプルボギー以上を繰り返し叩く、いわゆる大叩きの繰り返しである。この章では、大叩きの原因と対策について考えながら、「ミスを減らすゴルフ理論」を終えることとする。

大叩きの原因にはいろいろあるが、その対策のキーポイントは、ラウンド全体の流れの中でスイングの乱れに早期に気づき、早め早めに手を打つことである。それと同時に全ホールを通して集中力を切らさない努力も必要である。

大叩きには前兆あり

僕自身の例で恐縮だが、大叩きの具体的なプロセスを見ながら、次のショットまでにできる対策について考えてみよう。

2008年11月末、愛知県の森林公園ゴルフ場東コースでプレーしたのだが、1番ホールから3番ホールまではトータル2オーバーのまずまずの成績だった。4番ホールは506ヤードパー5のロングホールである。第1打のドライバーショットはやや左に曲げたが、フェアウェイバンカーを越えて浅いラフで止まった。残りの距離は300ヤード程度。ライは悪くないので第2打を4番ウッドで打ったが、これをトップして70ヤードしか進まず。クソォーと思って第3打も同じ4番ウッドで打ったが、再びトップして70ヤードしか進まず。残り160ヤード余りの地点からのアイアンショットはグリーンに届かず、ガードバンカーに入れてしまった。僕はバンカーショットには自信がある方だが、ピンまでの距離が40ヤード近くあったので、飛ばさねばと思い、SWを強く打ちすぎてしまい、５打目をトップしてグリーンオーバーのＯＢを打ってしまった。そこでバンカーから打ち直し７打目でグリーンに乗ったがピンに全く届かず、そこから３パットして結局プラス５の散々なホールになってしまった。

ＯＢを打つなどの大きなミスは大叩きに直結するが、小さなミスショットも大叩きの出発点になることがある。この例では、２打目をトップした時点が大叩きの出発点だった。この時点でスイングがトップ気味に乱れていたのだが、実はこれが大叩きの前兆であった。それに気づかず同じスイングを続けた結果、３打目もトップし、５打目のバンカーショットもトップしてしまったのである。したがって、第２打をトップした時点で大叩きの前兆に気づき、トップ位置での切り返しのタイミング、足元の踏ん張り、右膝固定などの管理ポイントを思い出し、３打目の前にスイングを修正しておけば大叩きは避けられたはずである。被害を最小限に抑えるためには、早め早めに手を打つことである。

大叩きは3ホール以内で繰り返す

さて、２００８年の僕のラウンド数は36回、月平均３ラウンドで例年以上にゴルフに熱中した1年であった。この36回のスコアカードを見ながら大叩きをした回数を数えてみると、トリプルボギーが68回、プラス４以上が33回で合計１０１回の大叩きをしている。1ラウンドで約２・８回大叩きをした計算になる。

さらに大叩きをした前後のホールのスコアの関係を分析してみると、大変面白いことが分かる。それは、全１０１回の大叩きのホールの内、連続した3ホール以内で２回大叩きをした回数が実に60％を占めていることである。つまり一度大叩きをすると、次のホールまたはその次のホールで大叩きを繰り返す確率が非常に高いということである。

誰でも経験のあることだが、プラス４などの大叩きをしてしまうとがっくり来て戦意を喪失してしまう。そしてそのままの精神状態でプレーを続け、再び大叩きを繰り返す。そこでレッスン書のアドバイスは、大叩きをしてもくよくよせず気持ちを切り替えて次のホールに向かえ、となるのである。

しかし、自分自身のことを振り返ってみると、アマチュアの場合は気持ちの切り替えだけでは済まない。気持ちの切り替えだけでスイングが元に戻るほど熟練していないからである。そもそも大叩きをするのは乱れたスイングのままショットを続けるためである。乱れたスイングのままプレーを続ければ、ミスショットを繰り返し大叩きをしてしまうのはいわば当然のことである。ミスは連鎖を断ち切る努力をしないから連鎖するのである。

大叩きが2、3ホール内で連続して起こりやすいということは、ショットの乱れから立ち直るのに、数ホール分の時間を要するということに他ならない。これは工学用語で言い換えると、フィードバックが遅いということになる。フィードバックとは、目標にした値とその結果の差異の過去のデータを、未来の制御値に反映して、未来の結果を目標値に近づけるコントロール方法で、飛行機をはじめとする種々の機械装置の自動運転にはほとんど使われている制御方法である。機械の制御はコンピュータで行うが、人間の場合には脳で行う。ゴルフの上手い人はこのフィードバック制御を多分意識して行っているはずである。アマチュアの場合はフィードバックの速度が遅いために大叩きを繰り返してしまうようだ。

大叩きの残りの40％は、一見単発で済んでおり、ミスが連鎖しているようには見えないが、その前の２ホールあたりから何らかの兆候が見られるケースが多い。具体的には、

・ミドルホール（パー４）で、３打でグリーン近くまで来て、４打目のアプローチでオンし、１パットでボギーとした後のホールでプラス４を叩く

・ロングホール（パー５）で、４打でグリーン近くまで来て、５打目のアプローチでオンし、２パットでダブルボギーとした後のホールでプラス４を叩く

などである。

このように、グリーン近くまで来るのに通常よりも1～2打多くを要していることは、スイングのどこかが乱れているからである。それに気づかずにボギーだった、あるいはダボで済んだと安堵し「結果オーライ」で済ませていると、スイングの乱れに気づかない。

いずれにせよ、「結果オーライ」で済ませず1打ごとにスイングに乱れがないかチェックし、大きく乱れる前に修正することが大事である。１度目の大叩きは仕方がな

いのだが、スイングのどこがまずかったのかを考え、管理ポイントを思い出して次のホールまでに素振りを繰り返すなどして、2度目の大叩きを未然に防止することが大事である。

ゴルフの大叩きは、自動車部品のリコールなどの重大品質問題に相当する。自動車部品の生産工程では、重大品質問題を根絶するために日夜生産工程をチェックし、製品の品質状況を管理している。ゴルフにおいても同じことが言える。重大品質問題（大叩き）を根絶するためには、1打1打ごとにスイングの状況をチェックし、品質異常（スイングの乱れ）が出始めたらすぐに生産工程にフィードバックして、正常状態に戻す努力が必要なのである。

集中力を維持するために

ゴルフが他のスポーツと決定的に違う点はコースを相手にして一人で行うということ

である。コースの状況判断とスイングの管理を一人で、常に怠り無くし続ける必要がある。プロトーナメントのように二人三脚で回って相談相手になってくれるキャディーはいないのであるから、風の強さや向き、ピンまでの距離など様々な状況を判断しながらクラブを選択しショットする作業を一人で18ホール中ずっと続けなければならない。

途中までボギーペースで好調を維持してきたのに、次のホールでグリーンの一番奥にピンが切ってあることを確認し忘れて、ナイスショットしたにもかかわらず超ロングパットを残してスコアを崩してしまう、などはよくあることである。長時間グリーンが空くのを待っているうちに集中力を欠いてしまうこともある。

大叩きをしたホールを後で冷静に振り返ってみると、スイングの変調に気づきながら修正しなかったとか、肝心なところでコースの状況判断を怠ったなど、集中力にぽっかり穴が開いていることが多い。この集中力の途切れを無くさないと大叩きは根絶できない、ということでスポーツ心理学の本やホームページを参考にして、対策を研究した。自分で実践してみてそれなりの効果を確認できた対策は、集中力のレベルを上げる対策と、18ホールを通じて集中力を切らさない対策とに分けられる。

(1) 集中度のレベルを上げる

一口に集中と言うが、プロとアマチュアではそのレベルが相当違うようだ。プロはショットやパットを打つ段階では、風で帽子を飛ばされても気づかないほど集中するらしいが、アマチュアもそこまではいかずとも、日頃から集中度のレベルを上げる訓練をしたほうがよい。アマチュアはボールを打つ練習はしているが、集中する練習はしていない。集中するために座禅を組むなどの特別なことは必要無く、集中しながらボールを打つ練習をすればよい。

これにはいわゆるコース打ち練習が有効で、ドライバーからアプローチショットまで1球ごとにクラブを替えて打ち、ミスショットしても打ち直しはしない。プリショットルーチンでは必ず1回素振りを行い、そしてアドレスしたら、2、3秒間意識を集中した後にテークバックを開始し10秒以内に打ち終える。集中時間を短くして、その代わりに集中度を高めるのである。集中の度合いとしては、周囲の雑音が気にならない程度を目標にすればよい。内藤雄士さん（プロインストラクター）は「練習は試合のように、試合は練習のように」と書いているが、僕はこの言葉が好きである。コース打ち練習は、練習を試合のような気持ちで行う効果的な方法で、コースでの球がそのまま出る。コース打ち練習で大きなミスショットをしなくなれば、スコアは確実に減っていく。ただし、試合を練習のような気持ちで行うのはなかなかできないことだが。

またラウンド中に気分がだらけてきたなと感じた時やショット待ちの間などに、腹式呼吸を励行する。この方法は市村さんの本に書かれている「三呼一吸法」と呼ばれる方法で、「ハァー　ハァー　ハァー」と3回に分けて息を吐いた後で大きく息を吸う。これを繰り返すと、身体の隅々にまで酸素が行きわたり、脳の活性化を促すので集中力の低下を防ぐ効果があるようだ。

⑵ 原因部分に集中する

「目の前の一打に集中せよ」という言葉があるが、目の前の一打の何に集中するかが問題である。大事でない事に思考を奪われてしまうと、大事なことを忘れてしまう。

池を目の前にして池に入れてはいけないと思うと、そういうときに限ってトップやダフリを起こして池に入れてしまう。こういう問題に対して、メンタル面からは池に入れたくないとネガティブに考えずに、池の向こうに落とそうとポジティブに考えろ、とのアドバイスがある。実はこのネガティブな思考（池に入れたくない）もポジティブな思考（池の向こうに落とそう）も、ともに意識をショットの結果に対して向けるのが問題なのである。結果だけに意識を集中すると、もっと大事な部分、つまりミスショットしないための原因部分をコントロールすることを忘れてしまう。

距離の短いバンカーショットなら一発で出せるのに、ピンまで距離のあるバンカーショットではトップするケースが多いようだが、これは距離が長いために飛ばさねばならないという意識がすべてを支配する結果、バンカーショットでの管理ポイント「右膝固定」を忘れ、ダウンスイング時に上体が左にスウェーして、砂を打たずに直接ボールを打ってしまうためである。「ダフらないようにしよう」という意識もダフらないという結果に対する集中である。ミスショットして「クソォー！」と自分自身に怒りを発するのも、ほどほどにしておくことである。怒りが大きすぎるとそれが脳の大半を占めてしまい、原因部分をコントロールする余地が無くなってしまう。

集中力には一つの事象にだけ注意を払う一点集中力と複数の事象に同時に注意を払う

分散集中力がある。ゴルフにおいてより重要なのは、足元がぐらつかないように注意しつつボールから眼を離さないなどの分散集中力である。人間の脳が同時に複数のジョブを実行する処理能力には限界があるので、重要度の低いことに意識を集中してしまうと肝心のことが疎かになる。だから目の前の一打に集中する際には、より重要度の高いことに集中しなければならない。

ミスショットを避けるためには、いかなる状況に陥っても、脳の処理回路の中に原因部分をコントロールできる余地を残しておかなければならない。だから池に入れたくないのなら、トップやダフリをしないことであり、そのためには例えば「右膝上下に固定」などの原因部分をコントロールする管理ポイントに意識を集中することである。

⑶ 労働災害に学ぶ「集中力の途切れ対策」

ゴルフにおいて集中力が途切れる問題を考えていくと、労働災害の問題と類似点が多いのに気づく。管理者は労働災害が起こらないよう職場の作業環境をチェックし、口を酸っぱくして部下を指導しているのだが、長期間にわたって職場全体に緊張感を持続させるのは難しく、忘れた頃に労働災害（程度の差はあるが）が起こってしまう。

僕が以前に勤めていた研究所では危険な実験作業が多かったので、労働災害を撲滅するために、管理者は毎日胃が痛くなる思いで管理監督していた。いろいろ災害撲滅の対策を行ったのだが、その中で最も効果が大きかったのは、作業ごとに安全の重要管理ポイントを決めて、作業者に作業をする前にそれを毎回指差し呼称させることだった。具体的な例では、安全三大戒めというものを作って、例えば電気作業ならば「触るなアースしろ　二人作業」など、作業を開始する前には必ず作業者に呼称させるようにした。いくら重要な事項でも意識させるだけでは忘れてしまうので効果が持続しない。だから作業の前に重要事項を呼称させて、毎回、それで意識を新たにさせるのである。

この考えはゴルフにもそのまま応用できる。つまり集中力の途切れによる突然の「災害」を根絶するには、ショットの前に管理ポイントを呼称して意識を新たにする、ということになるだろう。管理ポイントは意識するだけに留めず、声に出して唱えることが大事である。だからショットの前には必ず状況判断を行うこととし、状況判断を終えたら「状況判断ＯＫ」と一人で呟く。そしてプリショットルーチンに入り「ジェットキノカソク」「軸をずらすな」などと管理ポイントを小声で呼称して、自分自身に言い聞かせてから素振りをする。その後アドレスして本番ショットを行う。

小声で呟く分には誰も気にしない。もし同伴プレーヤーから「何をブツブツ言ってるんですか？」と訊ねられたら、僕は「ナイスショットのおまじないですよ」と答えることにしている。

あとがき

夏の原見え隠れしてカート行く

僕は2002年より愛知県に単身赴任し、シートベルトメーカーに勤務した。会社での仕事はシートベルトの品質監査で、職場では設計陣に対して再発防止の重要性を口を酸っぱくして説いて回った。僕は若い頃から球技は大の苦手で、スポーツでできることといえばゴルフくらいだったが、これもいつまでたっても初級の域を出なかった。たまにコースに出るとミスばかりで悔しい思いをしていた。会社では再発防止の重要性を唱えながら、こと自分のゴルフになると、ミスショットの再発防止に知恵が回らなかったのだから、今から思えば滑稽ですらある。

ゴルフスクールに通い始めて月2回のレッスンを受けるようになったのは、定年退職する2年前のことである。そして月1回のスクールコンペに参加するようになり、自分のミスの傾向を把握できるようになってから、ゴルフのミスを減らすには、工業製品の品質管理の考え方を応用するのが有効ではないかと考え始めた。初めは漠然とした考えにすぎなかったが、一定の発酵期間を経て、構想が次第に固まっていった。そしてゴルフスクールで正しいスイングのレッスンを受けながら、それを軸にして、スイングのばらつきを減らすための方法論を考え続けた。そしてできあがったのがこの本である。

世の中にはいつまでたってもゴルフに上達できず、悩んでいる人は少なくないと思う。この一冊がそういう人たちにとって一筋の光明となり、消えかかっているゴルフへの情熱を再び燃え上がらせることができるなら、こんなに嬉しいことはない。そして一人でも多くの人がアベレージゴルファーの仲間入りをされることを願っています。

なお、僕はニッケ岐阜ゴルフセンターの坂英男先生からレッスンを受けた。坂先生の指導方法は基本や個性を重視するやり方で、画一的な打ち方を強制するのではなく、生徒の体力やレベルに応じた形でスイングを正しい方向に導いていくものであったように思う。スイングの分析やスイングのばらつきを小さくする方法論は僕の考えだが、ばらつきの中心値、つまり正しいスイングを習得できたのは坂先生のレッスンのおかげである。先生は僕がレッスンを受けながら、頭の中では別のことを考えていたことなど多分ご存じなかっただろう。最後にここでお詫びとお礼を記して、ペンを置くことにする。

2009年5月

大田　拓

参考文献

『からだの地図帳』高橋長雄監修、講談社
『スイングの冒険』福嶋晃子著、ＰＨＰ研究所
『岡本綾子のメモリアル・グリーン』岡本綾子著、日本放送出版協会
『僕のゴルフ』伊沢利光著、ケイエスエス
『とらえる！　アイアン』（金井清一ＧＯＬＦ基礎全書）、金井清一著、永岡書店
『丸山流元気ゴルフ』丸山茂樹著、学習研究社
『ゴルフがたちまち上手くなる本』堀尾研仁著、ＰＨＰ研究所
『40歳にしてわかる「理にかなう」ゴルフ』中嶋常幸著、講談社
『ゴルフ・飛んで曲がらない「二軸打法」』田原紘著、徳間書店
『ゴルフ新発見』田原紘著、幻冬舎
『シミュレーションゴルフで90を切る』槙岡充浩監修、ナツメ社
『アニカ・ソレンスタム54プレゼンツ』アニカ・ソレンスタム著、ゴルフダイジェスト社

『ゴルフ54ビジョン』ピア・ニールソン著、ゴルフダイジェスト社
『外科医があかすゴルフの秘訣』定方正一著、東京経済マイブックチェーン21
『定年後はゴルフでシングルの腕前をめざそう』佐藤拓宋著、亜紀書房
『ベン・ホーガンが『モダン・ゴルフ』で明かさなかった秘密』ジョン・アンドリザーニ著、
前田俊一訳、TBSブリタニカ
『モダン・ゴルフ』ベン・ホーガン著、塩谷紘訳、ベースボール・マガジン社
『今のスイングでいい　自分のゴルフを信じなさい』ボブ・ロテラ著、菊谷匡祐訳、飛鳥新社
『トッププロがこっそり教える開眼のヒント』杉本英世監修、青春文庫
『ゴルフファンダメンタルズ』陳清波著、ゴルフダイジェスト社
『なぜナイスショットは練習場でしか出ないのか』市村操一著、幻冬舎
『上級ゴルフ心理学』市村操一著、青春出版社
『プロに負けないパッティングの極意』浜伸吾著、大泉書店
『芹沢信雄　パッティングの真髄』芹沢信雄著、大泉書店
『パターが面白いようにはいる本』ライフ・エキスパート編、河出書房新社

『シングルになれる人の生活習慣』梅本晃一著、ゴルフダイジェスト社
『セベ・バレステロスのスーパーゴルフ』セベ・バレステロス／ダドリー・ダスト著、伊佐千尋訳、平凡社
『片山晋呉のゴルフ晋化論』片山晋呉著、双葉社
『ジャック・ニクラスのゴルフレッスン』ジャック・ニクラス／ケン・バウデン著、金田武明訳、ベースボール・マガジン社
『達人シングルが語るゴルフ上達の奥義』山口信吾著、日本経済新聞出版社
『シングルゴルファー101人が明かす上達の秘訣』高橋眞二著、金井清一監修、三推社／講談社
『90を切る！　倉本昌弘のゴルフ上達問答集』倉本昌弘著、日本経済新聞出版社
『内藤雄士のシンプルゴルフ』内藤雄士著、日本経済新聞社

大田　拓（おおた　たく）

1948年生まれ。
京都大学大学院修了後、大手電機メーカーにて力学や構造問題の研究に従事。2002年よりシートベルトメーカーに勤務し、2008年定年退職。
工学博士。

ミスを減らすゴルフ理論

2009年８月８日　初版発行

著　者　大田　拓
発行者　中田　典昭
発行所　東京図書出版会
発売元　株式会社 リフレ出版
〒113-0021　東京都文京区本駒込３-10-４
電話（03）3823-9171　FAX 0120-41-8080
印　刷　株式会社 ブレイン

ISBN978-4-86223-362-2 C2275
Printed in Japan 2009

ご意見、ご感想をお寄せ下さい。

［宛先］〒113-0021　東京都文京区本駒込３-10-４
東京図書出版会